MOEWIG
DOKUMENTATION

H. W. Koch

Hitler-
jugend

Deutsche Erstausgabe

Titel der Originalausgabe: Hitler Youth – The Duped Generation
Aus dem Amerikanischen von Wulf Bergner
Copyright © 1972 by Ballantine Books Inc.
Copyright © der deutschen Übersetzung 1981
by Moewig Verlag, München
Umschlagfoto: Süddeutscher Verlag
Umschlagentwurf und -gestaltung: Franz Wöllzenmüller, München
Verkaufspreis inkl. gesetzl. Mehrwertsteuer
Auslieferung in Österreich:
Pressegroßvertrieb Salzburg, Niederalm 300, A-5081 Anif
Printed in Germany 1981
Druck und Bindung: Mohndruck Graphische Betriebe GmbH, Gütersloh
ISBN 3-8118-4312-5

Inhalt

Auf der Suche nach einem besseren Deutschland   7
Einleitung von S. L. Mayer

Traditionen 11

Anfänge 23

Der neue Geist 43

Blut und Boden 87

Erziehung 103

Eliten 121

Sonderformationen 147

Widerstand 153

Krieg . . . . , , . . . 163

Register 179

Auf der Suche nach einem besseren Deutschland

Einleitung von S. L. Mayer

Wer sich für das Dritte Reich interessiert, vor allem junge Menschen, die im oder nach dem Zweiten Weltkrieg geboren worden sind, muß sich die stets gleiche Frage vorlegen: Wie können Millionen junger Deutscher zu Gefolgsleuten Hitlers geworden sein?

Diese Frage wird sich niemals erschöpfend beantworten lassen, und nach weitverbreiteter Ansicht waren die Nazis – und vor allem junge Menschen, die sich zum Nationalsozialismus hingezogen fühlten – pervers, rassistisch, irregeführt oder vielleicht eine Mischung aus allen dreien. Trotzdem sind Millionen von jungen Menschen freiwillig und unfreiwillig in die Hitlerjugend eingetreten und mit ihr in den Krieg gezogen. Und das Erstaunliche daran war: Sie waren mit Begeisterung bei der Sache.

Es wäre kindisch und unhistorisch, daraus den Schluß zu ziehen, diese Millionen junger Menschen seien durch eine Propagandamaschine verformt worden, die ihnen während ihrer Schulzeit bis hin zur Wehrmacht unablässig zugesetzt habe. Auf der Welt und in Deutschland gibt es viele naive, leicht beeinflußbare Menschen. Aber können sie *alle* so naiv, so beeinflußbar gewesen sein, daß sie die Verkörperung des Bösen durch das Dritte Reich ignoriert haben?

Im Jahre 1939 hatte die Hitlerjugend über acht Millionen Mitglieder zwischen acht und achtzehn Jahren. Wie konnten diese jungen Menschen, von denen die Mehrheit den beiden großen Kirchen angehörte, Christentum und Nationalsozialismus miteinander vereinbaren?

H. W. Koch beantwortet viele dieser Fragen. Er zeigt, daß der Drang nach einem Kompromiß zwischen den immer häßlicher werdenden deutschen Industriegebieten auf der einen und den herrlichen deutschen Landschaften auf der anderen Seite viele junge Menschen unterschiedlichster Herkunft dazu brachte, für ein Regime zu arbeiten, das Vollbeschäftigung sowie eine Synthese zwischen einer modernen Industriegesellschaft und den völkischen, altehrwürdigen Traditionen der deutschen Vergangenheit nicht nur versprach, sondern auch tatsächlich verwirklichte. Die Neue Ordnung verhieß eine nationale Wiedergeburt, eine Wiederbelebung des Nationalgefühls und nationale Einigkeit aller Gruppierungen angesichts der nationalen Demütigung, die eine Folge der Niederlage im Ersten Weltkrieg und der vagen, größtenteils unerfüllten demokratischen Ideale der Weimarer Republik war.

Schon vor der Machtergreifung hatte die deutsche Jugendbewegung viele Anhänger. Wie die meisten anderen deutschen Verbände und Organisationen wurden auch die teils vor dem Krieg, teils in den zwanziger Jahren gegründeten Gruppierungen der Jugendbewegung nach 1933 von der „Gleichschaltung" erfaßt. Auch sie wurden einheitlich zusammengefaßt und reorganisiert, um der deutschen Jugend und dem Staat zu dienen.

Ein gesunder Geist in einem gesunden Körper – das war das klassische Ideal, das Hitler in der Hitlerjugend wiederzubeleben versprach. Die von Baldur von Schirach aufgebaute umfassende Organisation fand echte Unterstützung bei der deutschen Jugend, die sich größtenteils von der bourgeoisen Gewinnsucht der älteren Generation abgestoßen fühlte. Selbstlose Vaterlandsliebe erschien weit erstrebenswerter als ein Materialismus, der einer unwürdigen Oberschicht Privilegien und der schwerarbeitenden deutschen Bevölkerung nationale Zersplitterung und hohe Arbeitslosigkeit gebracht zu haben schien.

In den Adolf-Hitler-Schulen wurden die Führer der kommenden Generation herangebildet. Als die Hitlerjugend aufgerufen wurde, fürs Vaterland zu kämpfen, griff sie bereitwillig nach den Waffen.

H. W. Koch gehörte dieser neuen Generation der Hitlerjugend an. Als die Alliierten nach Deutschland vorstießen, kämpfte er als Junge mit, um sein Vaterland zu verteidigen. Als dem Nationalsozialismus im Jahre 1945 die Maske abgerissen wurde, erkannte er, wie Millionen anderer, was dahintergesteckt hatte.

Die Entfernung zwischen München und Dachau ist gering; die ideologische Entfernung war gewaltig. Das weltweite Entsetzen über die im Namen nationaler Wiederauferstehung und Selbstverteidigung verübten Grausamkeiten war noch stärker bei jenen, die in einer Zeit der Auflösung und der Niederlage zu ihrem Vaterland gestanden hatten. Man fragt sich unwillkürlich, ob der bei der Jugend der achtziger Jahre so deutlich zutagetretende Idealismus zu ebenso unwürdigen Zielen pervertiert werden wird wie der der Hitlerjugend eine Generation zuvor.

Die Geschichte von Ursprung und Verfall der Ideale der Hitlerjugend, ein Bericht darüber, wie jugendliches Streben nach einer besseren Welt von einer Partei und einer Regierung, die eine Generation und ihre Ideale verheizten, verdreht und ausgenutzt wurde, ist ungewöhnlich, wenn nicht sogar einmalig. H. W. Koch, der an der University of York deutsche Geschichte lehrt, bringt in dieses Buch nicht nur eigene Erinnerungen als Hitlerjunge ein; er analysiert mit kritischem Überblick Wachstum, Beliebtheitsgrad und komplexe Organisation der Hitlerjugend.

Traditionen

„Der völkische Staat hat ... seine gesamte Erziehungsarbeit in erster Linie nicht auf das Einpumpen bloßen Wissens einzustellen, sondern auf das Heranzüchten kerngesunder Körper. Erst in zweiter Linie kommt dann die Ausbildung geistiger Fähigkeiten. Hier aber wieder an der Spitze die Entwicklung des Charakters, besonders die Förderung der Willens- und Entschlußkraft, verbunden mit der Erziehung zur Verantwortungsfreudigkeit, und erst als letztes die wissenschaftliche Schulung. Der völkische Staat muß dabei von der Voraussetzung ausgehen, daß ein zwar wissenschaftlich wenig gebildeter, aber körperlich gesunder Mensch mit gutem, festen Charakter, erfüllt von Entschlußfreudigkeit und Willenskraft, für die Volksgemeinschaft wertvoller ist als ein geistreicher Schwächling."

Mit diesen Sätzen faßte Adolf Hitler schon 1927 die Erziehungsprinzipien eines zukünftigen nationalsozialistischen Staates und dessen Einstellung zur deutschen Jugend zusammen.

Seine Worte fielen auf fruchtbaren Boden. Die Niederlage Deutschlands im Ersten Weltkrieg war nicht nur eine Niederlage des deutschen Kaiserreichs gewesen. Für eine junge Generation von Frontkämpfern und für die Jugendlichen, die noch nicht eingezogen worden waren, aber die Ereignisse um sie herum kritisch beobachtet hatten, bedeutete er auch die Niederlage einer stagnierenden Gesellschaft mit bourgeoisen Scheinidealen.

Die deutsche Jugend hatte schon lange vor dem Ersten Weltkrieg gegen die wilhelminische Gesellschaft rebelliert, als sie begonnen hatte, sich zu Jugendbewegungen zusammenzuschließen, die sich trotz Nuancen in der Zielsetzung in der Hoffnung einig waren, eines zukünftigen Tages mit der Nippeskultur aufräumen und zu neuen Ufern vorstoßen zu können.

Diese Jugend bestand darauf, von jungen Menschen geführt zu werden – nicht von einer moribunden Generation, die ihre zweite Jugend zu erleben versuchte. Ihr Unabhängigkeitsdrang und ihr neues Selbstbewußtsein riefen bei Kirchen- wie Parteiführern große Besorgnis hervor: Beide Gruppen leisteten den Bemühungen ihrer religiös oder parteipolitisch orientierten Jugendorganisationen, autonom zu werden, anfangs erbitterten Widerstand. Aber ihnen und anderen gelang es nicht, das Streben der Jugend nach Selbstverwirklichung zu unterdrücken – ein Drang, der seinen förmlichen Ausdruck in der Entschließung fand, die bei dem ersten deutschen Jugendtreffen am 11. und 12. Oktober 1913 auf dem Hohen Meißner bei Kassel verabschiedet wurde.

Die teilnehmenden Jugendgruppen aus Deutschland, Österreich, dem Sudetenland und der Schweiz erklärten abschließend: „Die Freideutsche Jugend will aus eigener Bestimmung und Verantwortung mit innerer Wahrhaftigkeit ihr Leben gestalten."

Natürlich war es dieser feurigen jungen Generation nicht möglich, die existierende Gesellschaftsordnung, die etablierten Mächte in Form kaiserlicher und königlicher Institutionen und die traditionelle Autorität von Schule, Kirche und Elternhaus abzuschaffen. Eine Möglichkeit, dieser als bedrückend empfundenen Umgebung zu entfliehen, bot sich jungen Menschen, wenn sie an Wochenenden oder in den Schul- oder Semesterferien mit Zelt, Rucksack und Gitarre in die Natur hinauszogen, Deutschland von Nord nach Süd, von Ost nach West durchwanderten und mit eigenen Augen die stille Schönheit deutscher Landschaften entdeckten, die in so starkem Gegensatz zu verqualmten Industriegebieten stand.

Ihre durch die Kakophonie von Stahl- und Walzwerken verbildeten Ohren reagierten auf die Harmonie von Beethovens „Pastorale" und Schillers „Lied an die Freude". Auf ihrer Suche nach Neuem wandten sie sich der Vergangenheit zu, begeisterten sich für das romantische Element in den meisten Wagner-Opern und sangen an ihren Lagerfeuern die alten Volkslieder. Das deutsche Volkslied erlebte damals eine Renaissance.

In ihren Grundgefühlen war die deutsche Jugend dieser Zeit geeint. Oberflächliche Unterschiede konfessioneller und sozialer Art bestanden nach wie vor, aber sie waren nicht mehr unüberwindbar. Die meisten Mitglieder der Jugendbewegung kamen aus dem Bürgertum, aber obwohl sie sich gegen dieses Milieu auflehnten, konnten sie die Hürden zwischen sich und den Jugendgruppen der organisierten Sozialisten nie ganz beseitigen. Auf der anderen Seite konnten sozialistische Jugendgruppen, die gegen eine Partei rebellierten, die zu einer Institution verknöchert war und einen von der Wiege bis zur Bahre vorausbestimmten Lebensstil verkörperte, noch nicht ganz unbefangen mit ihren bürgerlichen Altersgenossen umgehen. Keine der beiden Gruppen konnte über ihren eigenen Schatten springen, aber sie hatten zumindest begonnen, Verständnis für die Probleme der anderen zu entwickeln.

Als die deutsche Jugend sich endlich traf – zehn Monate nach der Versammlung auf dem Hohen Meißner –, kam sie in den Schützengräben des Ersten Weltkriegs zusammen. Aus Fabriken, Klassenzimmern und Hörsälen strömten die jungen Deutschen zu den Waffen, bis die Oberste Heeresleitung in den ersten Wochen nach Kriegsausbruch sogar einen Aufnahmestopp für Freiwillige verhängen mußte, weil sich zu viele gemeldet hatten. Diese Freiwilligen waren bereit, ihr Leben zu opfern, um das Vaterland vor der Bedrohung durch das tyrannische Zarentum und die kapitalistische Plutokratie des Westens zu retten.

Ihre Sturmangriffe in den ersten Kriegsmonaten wurden mit einem Elan vorgetragen, der weder Tod noch Teufel fürchtete, und ihr Idealismus erreichte seinen Höhepunkt am 10. November 1914, als Regimenter junger deutscher Freiwilliger mit dem Deutschlandlied auf den Lippen gegen die englischen Stellungen bei Langemarck anstürmten. Ihre Angriffe wurden abgeschlagen, wodurch dem deutschen Heer dringend benötigte zukünftige Offiziere verlorengingen, aber er erzeugte auch einen Mythos von Vaterlandsliebe bis zur Selbstaufopferung, den Mythos von bedingungslosem Gehorsam, selbst wenn der Sinn eines Befehls – wie bei Langemarck – durchaus zweifelhaft war. Der Langemarck-Mythos sollte die deutsche Jugend in seinen Bann schlagen und seine morbide Faszination bis zum Ende des Zweiten Weltkriegs beibehalten.

Der Krieg schuf seine eigenen Maßstäbe. Im Hämmern der Maschinengewehre und im Sperrfeuer der Artillerie entstand die *aristocrazia trincesca,* die Schützengraben-Aristokratie, und die Schützengräben erwiesen sich als große nivellierende Kraft, die Klassenunterschiede zwischen Offizieren und Mannschaften, zwischen Bürgern und Arbeitern aufhob. Sie forderten die stete Bereitschaft zur Selbstaufopferung für die Kameraden und schufen neue menschliche Beziehungen: eine neue Ordnung, in der Gehorsam letzten Endes freiwillig war, weil der Vorgesetzte sich zuerst die Achtung von Männern verdienen mußte, die nicht mehr nur seine Untergebenen, sondern auch seine Kameraden waren.

Junge Deutsche aller politischen Schattierungen hatten sich durch ein ganzes Spektrum von Jugendbewegungen gegen die bürgerliche Gesellschaft des wilhelminischen Deutschlands aufgelehnt. Die Überlebenden des Ersten Weltkriegs zeigten wenig Neigung, beim Wiederaufbau einer Gesellschaftsordnung mitzuhelfen, die in der Feuerprobe des Krieges zerbrochen war.

Die Aktiven der Jugendbewegung fanden sich auf der extremen Linken wie auf der äußersten Rechten wieder – bei den ,,Spartakisten" ebenso wie in den ,,Freikorps". Beide Gruppierungen kämpften gegen einen gemeinsamen Feind: die Wiederherstellung des bürgerlichen Status quo ante. Die politischen Aktivisten von links und rechts unterschieden sich vor allem darin, daß die Rechten nie bereit waren, ihr Vaterland zu vernichten, um den Kapitalismus auszurotten, und daß die politischer Denkenden in ihren Reihen einen Gedanken des deutschen Liberalen Friedrich Naumann aufnahmen und sich um eine echte Synthese zwischen Nationalismus und Sozialismus bemühten – die Antithese eines „unhistorischen humanitären Marxismus und einer wurzellosen kapitalistischen Gesellschaft".

Einige junge Männer, die erkannten, daß „wir den Krieg verlieren mußten, um die Nation zu gewinnen", waren bereit, die totgeborene Revolution von 1918 noch weiter zu treiben und jeden zu beseitigen, der imstande zu sein schien, Deutschland in Verhältnisse wie vor 1914 zurückzuführen. Walter Rathenau war ihr prominentestes Opfer, aber seine Ermordung war vergeblich. Der revolutionäre Impuls in Deutschland war bei den Rechten wie bei den Linken erlahmt: Die Bevölkerung wünschte die Rückkehr zu normalen Zuständen.

Aber die Jugend wollte keine „normalen Zustände". Sie gründete erneut eigene Bewegungen, die bald zahlreicher und mitgliederstärker als alle Jugendverbände der Vorkriegszeit waren. Die „Jungsozialisten", „Jungdemokraten", „Jungnationalen" und „Jungprotestanten" waren nur einige der vielen selbständigen Jugendorganisationen, die nach 1918 in Deutschland aus dem Boden schossen. Die Säuberung der deutschen Politik von den Auswüchsen der Industrialisierung, der Kampf gegen die vielfältigen sozialen Ungerechtigkeiten des kapitalistischen Systems und die Auflehnung gegen das Diktat von Versailles waren Punkte, die sich in den meisten Programmen wiederfanden und die auch eine Rolle bei der Gründung von Studentenverbindungen wie dem „Deutschen Hochschulring", der „Deutschen Studentenschaft" oder der kommunistischen „Freien Proletarischen Jugend" spielten.

Die große Zahl von Jugendorganisationen und ihre weite Verbreitung waren selbstverständlich ein Abbild der politischen Zerrissenheit Deutschlands. Aber darüber hinaus existierten nach wie vor die bereits erwähnten gemeinsamen Faktoren: die nachdrückliche Ablehnung des Alten und das Sendungsbewußtsein zur Schaffung einer neuen Welt für die einen oder einer neuen Nation für die anderen. Ein entschlossener Deutungsversuch galt den vermeintlichen Realitäten der damaligen Zeit, die durch Taten beeinflußt und nach eigenen Vorstellungen – so wirr diese Vorstellungen auch sein mochten – umgeformt werden sollten.

Die Jugend akzeptierte auch die von dem deutschen Dichter Walter Flex geprägte Maxime: „Wer auf die preußische Fahne schwört, hat nichts mehr, was ihm selbst gehört." Rechte wie linke Jugendorganisationen sangen das für die kommunistische Jugend von Hermann Claudius – einem Nachkommen von Matthias Claudius und späteren Nationalsozialisten – geschriebene Lied:

> „Wenn wir schreiten Seit an Seit
> und die alten Lieder singen
> und die Wälder widerklingen,
> fühlen wir, es muß gelingen:
> Mit uns zieht die neue Zeit!"

Die jungen Frontkämpfer, die frühzeitig gelernt hatten, ihr Leben einzusetzen, waren erneut dazu bereit. Ernst von Salomon, einer der beredtesten Verfechter

17

eines gewissen „Frontkämpfersozialismus", schilderte ihre Einstellung: „Der Krieg zwang sie, der Krieg beherrschte sie, der Krieg wird sie niemals entlassen, niemals werden sie heimkehren können, niemals werden sie ganz zu uns gehören, sie werden immer die Front im Blute tragen, den nahen Tod, die Bereitschaft, das Grauen, den Rausch, das Eisen. Was nun geschah, dieser Einmarsch, das Hineinfügen in die friedliche, in die gefügte, in die bürgerliche Welt, das war Verpflanzung, eine Verfälschung, das konnte niemals gelingen. Der Krieg ist zu Ende. Die Krieger marschieren immer noch. Und da hier die Masse steht, hier die in Neuordnung begriffene deutsche Welt, gärend, unbeholfen, aus tausend kleinen Süchten und Strömen, wirkend durch ihr Gewicht, enthaltend alle Elemente, darum werden sie, die Soldaten, marschieren für die Revolution, für eine andere Revolution, ob sie wollen oder nicht, gepeitscht von Gewalten, die wir nicht ahnen können, Unzufriedene, wenn sie auseinandergehen, Sprengstoff, wenn sie zusammenbleiben."

Ihre nationalrevolutionäre Einstellung, die schon vor dem Krieg zu einer Überzeugung geworden war, ließ nicht zu, daß sie auch nur mit dem Gedanken an eine Wiedererrichtung des kurzlebigen Kaiserreichs spielten oder sich von seinem bürgerlichen Nachspiel, der Weimarer Republik, überzeugen ließen. In der Anfangszeit der Weimarer Republik gehörte die Jugend der vor dem Krieg aktiven Jugendorganisationen zu den stärksten, lebendigsten politischen Kräften.

Eine Ironie des Schicksals wollte es, daß die junge Republik ihnen im ersten halben Jahr ihrer staatlichen

Existenz das Überleben verdankte. Die in „Stahlgewittern" gehärteten jungen Männer der Freikorps sicherten Deutschlands Ostgrenze und schlugen den rheinischen Separatismus und den bayrischen Partikularismus nieder. Nach der Besetzung des Ruhrgebiets durch die Franzosen verbündeten sich Linke und Rechte zum Kampf gegen die Besatzer, zogen Verschwörungen auf, zerschlugen Separatistenbewegungen und sprengten im Rheinland Eisenbahnbrücken.

Zu den Hauptschwächen der ersten deutschen Republik gehörte ihre Unfähigkeit, die deutsche Jugend zu begeistern. Sie war zu friedlich, zu bürgerlich und zu selbstzufrieden. Ihr Versuch, die ruhelose, dynamische Energie der jungen Generation auf Ziele zu lenken, die schließlich der gesamten Nation nützen würden, schlug völlig fehl. Sie war von Anfang an mit Kompromissen belastet und legte zu großen Wert auf Parteitreue und die überlieferten Rechte der Industrie, um bei ihrer Jugend auch nur einen Funken von Begeisterung wecken zu können.

Durch ein Übermaß an Demokratie, das für die Weimarer Republik charakteristisch war, kam es zu einer politischen Zersplitterung, die durch politische und wirtschaftliche Krisen und das schwere Erbe des Versailler Vertrags noch verschlimmert wurde. Es gab viele Gründe, aus denen eine entfremdete Generation sich nicht für, sondern gegen die neue Republik zusammenschloß.

Schon 1919 hieß es in einem Aufruf zur Neugründung der deutschen Jugendbewegung: „Aus tausend Wunden blutet unser Volk. Man will uns rauben, was uns groß

19

gemacht, will uns die Zukunft nehmen, damit wir elend verderben. An jedes Deutschen Tür pocht heute die Schicksalsfrage: Untergang oder Aufbau – Leben oder Tod? Darum wenden wir uns an die deutsche Jugend beiderlei Geschlechts und aller Stände, an Schulpflichtige und Schulentlassene ohne Unterschied des Bekenntnisses. Wir wollen sammeln, was zu splittern droht. Die bestehenden Jugendbünde und Organisationen sollen bleiben und ihre Arbeit weiterverrichten. Wir wollen sie zusammenschließen zu einer großen deutschen Jugendgemeinschaft. Wir wollen aber auch die Hunderttausende zur Arbeit heranziehen, die noch nicht organisiert sind. Das ganze junge Deutschland soll es sein."

Dieser Appell fand so wenig Widerhall wie alle anderen, deren Verfasser auch nur entfernt verdächtigt wurden, Verbindung zu einer der „Systemparteien" zu haben. Im Vergleich zu seinen viel erfahreneren Konkurrenten auf diesem Gebiet ging Hitler von Beginn seiner politischen Tätigkeit an viel geschickter vor und wirkte viel überzeugender.

Der einfache Gefreite, der im Schützengraben gekämpft hatte, anstatt im Reichstag zu debattieren, besaß die Gabe der Vereinfachung, mit der er komplizierteste Sachverhalte auf handfeste Schlagworte reduzierte. Seine „nationalsozialistische" Bewegung entsprach genau den Bedürfnissen der Deutschen, die eine Synthese zwischen Nationalismus und Sozialismus für erstrebenswert hielten. Da er nicht sagte, was er unter „Nationalismus" oder „Sozialismus" verstand, konnte er's allen recht machen.

Seine Bewegung wurde – zumindest eine Zeitlang –

das große Sammelbecken, der Schmelztiegel für einander oft ausschließende Auffassungen, Persönlichkeiten und Bestrebungen. In diesem Schmelztiegel nationalistischer und sozialistischer Ideen vermengten sich Herders humanistischer Volksbegriff, Houston Stewart Chamberlains Rassismus, pangermanische Wunschträume, Korporativismus und faschistische Führerprinzipien mit dem alten Reichsbegriff und den preußischen Traditionen von Nüchternheit und Gehorsamkeit. Daß diese Zutaten nicht miteinander verschmolzen, stand auf einem anderen Blatt. Zumindest im Vergleich zu den im Reichstag vertretenen Parteien schien Hitler etwas Neues und anderes zu bieten zu haben.

Seine Sturm-Abteilungen (SA) und später die SS-Formationen zogen erheblich mehr Freiwillige an als jede andere der in der Weimarer Republik florierenden Privatarmeen der Rechts- oder Linksparteien. Franz Matzke, der damals noch keiner NS-Organisation angehörte, schrieb: „Wir sind bereit, große Bünde und Verbände zu bilden, die mit Schlagkraft nach einem Ziel streben. Wir sind bereit, uns Führern unterzuordnen. Und wir sehen mit Verachtung auf jene – für vorgestern und gestern typische – kleinliche Pflege der vielen oberflächlichen Eitelkeiten des Ich herab, die etwas zu verlieren glaubte, wenn sie einmal einem von außen kommenden Befehl gehorchte. Diese ,Individualitätspflege' der vergangenen Generation, das Verhätscheln der eigenen Sonderart bis in die äußersten Dinge ist uns erbärmlich. Deshalb sind uns auch jene weiten Kreise im gegenwärtigen Bürgertum erbärmlich, die nicht zu schlagkräftigen Organisationen zusammenzufassen sind, weil sie sich nicht unterordnen können, fürchtend, sonst ein Quentchen ihres höchst individuellen und im Weltall unersetzlichen Eigenwerts zu verlieren."

Das sind die Worte einer Generation, die gelernt hatte, sich zu opfern, zu leiden und zu töten. Diese Menschen waren zu jung und zu sehr in die Wirren der damaligen Zeit verstrickt, um gelassen zu analysieren und zu urteilen; dafür fehlte ihnen die Fähigkeit oder vielleicht auch nur die Muße. Sie waren leicht formbares Material für die Rattenfänger von Nürnberg, die ihnen ein neues Deutschland, ein neues Reich und eine neue Gesellschaftsordnung versprachen.

Lange bevor die Nationalsozialisten die deutschen Jugendorganisationen in der Hitlerjugend „geeint" und „gleichgeschaltet" hatten, herrschten in der deutschen Jugend Ansichten und Überzeugungen vor, die einen Wechsel der Uniform als bloße Formalität erscheinen ließen.

Anfänge

Obwohl die nationalsozialistische Bewegung von allem Anfang an um Unterstützung durch die deutsche Jugend warb, ging die eigentliche Initiative zur Gründung einer eigenen Jugendorganisation weder von Hitler noch von einem seiner direkten Untergebenen aus. Sie kam von einem buchstäblich Unbekannten, dem 1903 in München geborenen Klavierpolierer Gustav Adolf Lenk. Er hatte sich nach dem Krieg, während der revolutionären Wirren des Jahres 1919 in München, dem Deutschnationalen Jugendbund angeschlossen, nahm aber bald an dem bürgerlichen Klassenvorurteil Anstoß, der sich in dieser Jugendorganisation herauszubilden schien.

Nachdem er einige Hitler-Reden vor der Münchner Feldherrnhalle und im Hofbräuhaus gehört hatte, bekehrte Lenk sich als einer der ersten zum Nationalsozialismus und trat Anfang Dezember 1921 in die NSDAP ein. Kaum hatte er sein Parteibuch in der Tasche, als er bereits Hitler und Adolf Drexler, einen der Mitbegründer der Partei, mit Denkschriften bombardierte, in denen er den Aufbau einer Jugendorganisation vorschlug, der von ihm und der SA, der Sturm-Abteilung, organisiert werden sollte.

Hitler war nicht schwer zu überzeugen und richtete am 25. Februar 1922 ein Rundschreiben an alle Stellen von

NSDAP und SA, in dem er unter der Überschrift „Jugendabteilung!" mitteilte: „Da sich in letzter Zeit die Anfragen an die Parteiführung mehren, ob die Bewegung im Besitze einer Jugendabteilung wäre, sehen wir uns veranlaßt, die Organisation einer Jugendabteilung ins Leben zu rufen.

Statutengemäß steht der Gründung nicht nur nichts im Wege, sondern es ist im Gegenteil bereits darauf Rücksicht genommen. Die Organisation der Jugendabteilung wird durch die Leitung der Sturm-Abteilung erfolgen. Diese wird unverzüglich nun ein Organisationsstatut ausarbeiten, das den einzelnen Ortsgruppen zugehen wird.

Damit sind jetzt sämtliche Anschriften betr. Jugendabteilung an die Leitung der Sturm-Abteilung zu richten (Geschäftsstelle der NSDAP, Sturm-Abteilung, München 13, Corneliusstraße 12)."

Diesem Rundschreiben folgte ein Aufruf „An die deutsche Jugend!", der am 18. März 1922 im „Völkischen Beobachter", dem offiziellen Parteiorgan, veröffentlicht wurde und in dem Hitler die Gründung einer Jugendorganisation der NSDAP bekanntgab: „Durch unsere Partei ist ein ‚Jugendbund der National-Sozialistischen Arbeiter-Partei' ins Leben gerufen worden, der alle jungen Anhänger unserer Sache sammeln und organisieren soll, die infolge ihres Alters nicht der Sturm-Abteilung als einer politischen Organisation angehören dürfen. Der Bund besitzt eigene Satzungen; er wird seine Mitglieder in dem Geiste erziehen, wie er der Partei zu eigen ist. Wir glauben, daß allein der Name des Bundes schon Gewähr genug dafür bietet, daß in ihm unsere

Jugend die beste Vorbereitung für ihren schweren künftigen Beruf findet. Auf ihren Schultern ruht die Zukunft unseres Vaterlandes. Der ‚Jugendbund der NSDAP' wird dafür sorgen, daß ihre Schultern stark genug werden, um diese Riesenlast einst tragen zu können.

Wir fordern die nationalsozialistische Jugend, aber auch alle anderen jungen Deutschen, ohne Unterschied des Standes oder Berufes, im Alter von 14 bis 18 Jahren, denen die Not und das Elend des Vaterlandes am Herzen frißt und die später einmal als Kämpfer gegen den jüdischen Feind, den einzigen Schöpfer der heutigen Schmach und des Elends, in die Reihen unserer Partei und der Sturm-Abteilung eintreten wollen, auf, sich dem ‚Jugendbund der NSDAP' zur Verfügung zu stellen. Auch an Jugendorganisationen, die noch keiner großen politischen Bewegung eingegliedert sind, treten wir mit der Aufforderung heran, die deutsche Einheitsfront gegen den gemeinsamen Feind durch ihren Anschluß zu verstärken und zu einem gewaltigen Sturmblock zu machen.

Um auch dem ärmsten jungen Deutschen den Eintritt in den Jugendbund zu ermöglichen, verzichtet dieser darauf, einen Mitgliedsbeitrag zu erheben. Er erwartet und erhofft jedoch ein tätiges Wohlwollen von seiten der besser bemittelten Parteigenossen..."

Wenige Tage später folgte die Veröffentlichung der Satzungen des Jugendbundes der NSDAP. Artikel 1 bestimmte den Jugendbund zur offiziellen Jugendorganisation der Partei. Artikel 2 besagte, obwohl der Jugendbund eine eigene Satzung habe, werde „in ihm der Geist herrschen, wie er der Partei zu eigen ist. Wie diese kennt der Jugendbund kein feiges Beschönigen der heutigen Zustände, keinen parlamentarischen ‚Einerseits-Andererseits-Standpunkt', sondern nur ein rücksichtsloses, freudiges Bekenntnis der Wahrheit."

Artikel 3 versuchte, einige der Ziele des Jugendbundes zu definieren: „Liebe zur Heimat und zum Volk, Freude am ehrlichen, offenen Kampf und an gesunder, körperlicher Betätigung, Hochschätzung aller sittlichen und geistigen Güter, Verachtung der jüdisch-mammonistischen Ideale. Daraus folgt, daß der Bund Klassen-, Standes- oder Berufsunterschiede nicht kennt, da diese dem germanischen Wesen nicht entsprechen und den alten Auffassungen von der Zusammengehörigkeit und Blutsgemeinschaft aller deutschen Volksgenossen zuwiderlaufen."

Artikel 4 sah vor: „Dieser Geist soll gepflegt werden durch vaterländische Abende, Vorträge, gemeinsame Wanderungen und durch Bewegungsspiele aller Art." Durch Artikel 5 wurde die Mitgliedschaft auf „Deutsche (Arier) im Alter von 14 bis 18 Jahren" beschränkt: „Ausländer und Juden können nicht Mitglieder sein." Artikel 6 besagte: „Mitgliedsbeiträge werden nicht erhoben", und Artikel 7 regelte das „Zusammenkunftswesen": Die Mitglieder sollten an einem Abend der Woche zu Vorträgen, Besprechungen und Gesprächen zusammenkommen. „Jeden zweiten Sonntag findet ein Ausflug statt, an dem alle Mitglieder des ‚Jugendbundes' teilzunehmen haben. Damit die Schundliteratur in unseren Reihen keinen Einlaß findet, soll eine eigene Bibliothek errichtet werden. Es wird jedes Bundesmitglied ersucht, durch Spenden guter Bücher unsere Sammlung dauernd zu vergrößern." Artikel 8 bestimmte, daß die Mitglieder mit 18 Jahren aus dem Jugendbund auszuscheiden hatten. „Es steht ihm dann frei, in die Sturm-Abteilung der NSDAP einzutreten." Die Schlußartikel 9 und 10 regelten lediglich Organisationsfragen.

Entgegen den ursprünglichen Erwartungen blieb der Zustrom zum „Jugendbund der NSDAP" aus. Für diesen Mangel an Begeisterung gab es mehrere Erklärungsmöglichkeiten. Vor allem hatte die nationalsozialistische Bewegung im Jahre 1922 in erster Linie lokale, auf Bayern beschränkte Bedeutung als eine der vielen rechtsradikalen Gruppierungen, die dort nach dem Ende der Räterepublik entstanden waren. Obwohl der Antisemitismus aufgrund der Erfahrungen mit der Sowjetunion wesentlich lautstärker geworden und besser organisiert war als je zuvor, konnte die katholische Kirche, die in Bayern eine führende Rolle spielte, seine ausdrückliche Aufnahme in das Parteiprogramm und die Satzungen des Jugendbundes der NSDAP nicht gutheißen. Außerdem hatten die Kirchen eigene Jugendorganisationen und dachten nicht daran, Konkurrenzgruppen zu fördern.

So dauerte es noch fast zwei Monate, bis zum 13. Mai 1922, bis eine öffentliche Versammlung angekündigt werden konnte, auf der offiziell der Grundstein für den Jugendbund der NSDAP gelegt werden sollte. Diese Versammlung im historischen Münchner Bürgerbräukeller war sehr gut besucht. Trotzdem brachte sie eine Enttäuschung, denn von den Anwesenden waren nur 17 Jugendliche. Die Redner waren Hitler, dann der damalige Führer der Sturm-Abteilung, der ehemalige Leutnant und Freikorpsoffizier Johann Ulrich Klintsch, und Gustav Adolf Lenk, der mit der Leitung des Jugendbundes der NSDAP betraut wurde. Er unterstand unmittelbar der SA, und die ersten Uniformen der Jugendlichen waren nach dem Vorbild der SA-Uniformen geschnitten. Innerhalb des Jugendbundes gab es eine Unterteilung in zwei Altersgruppen: eine für Knaben von 14 bis 16 Jahren, die andere, die den Namen „Jungsturm Adolf Hitler" erhielt, für Jugendliche zwischen 16 und 18 Jahren. Die Uniformen der zweiten Gruppe stellten ein Problem dar, weil sie kaum von denen der SA-Männer zu unterscheiden waren, was letztere ziemlich erbitterte.

Seinen ersten öffentlichen Auftritt als geschlossene Formation erlebte der „Jungsturm Adolf Hitler" auf dem ersten offiziellen Parteitag in München – dem bescheidenen Vorläufer der später in Nürnberg stattfindenden monumentalen Reichsparteitage. Dort wurde den Jugendlichen am 28. Januar 1923 ihr erster Wimpel überreicht: ein weißer Wimpel mit einem blauen Anker. Dieser Wimpel war allerdings ein kurzlebiges Symbol; bei einer der für die Weimarer Republik so typischen Straßenschlachten zwischen Anhängern verschiedener politischer Richtungen, an der auch der Jungsturm beteiligt war, beschlagnahmte die Münchner Polizei den Wimpel.

Unterdessen waren weitere NS-Jugendgruppen in Nürnberg, Zeitz, Dresden und Hanau gegründet worden. Ihre Gründung war hauptsächlich Lenk zu verdanken, der sich als äußerst fähiger Organisator erwies, obwohl ihm charismatische Führerqualitäten gänzlich fehlten. Die Zahl der Jugendgruppen wuchs auch 1923 weiter, so daß Hitler sich veranlaßt sah, Lenk von seiner ursprünglich regionalen Stellung in eine „nationale" zu befördern. Er sollte eine Zentrale des Nationalsozialistischen Jugendbundes für ganz Deutschland aufbauen.

Lenk unterteilte seine Organisation in Landesverbände, von denen es im Sommer 1923 bereits neun gab. Im Mai 1923 erschien auch die erste Jugendzeitschrift des Nationalsozialistischen Jugendbundes mit dem Titel „Der Nationale Jungsturm". Da sich jedoch bald zeigte, daß es noch keinen Markt für ein eigenes NS-Jugendmagazin gab, erschien die Zeitschrift als Beilage des „Völkischen Beobachters" und änderte ihren Namen in „Nationalsozialistische Jugend".

Ganz unabhängig von Lenks Organisation hatten deutsche Jugendliche im Sudetenland unter Führung von Eugen Weese einen „Nationalsozialistischen Jugendbund" gegründet, während Walter Gattermeyer und Adolf Bauer in Österreich die „Nationalsozialistische Arbeiterjugend" mit Gruppen in Tirol, Salzburg, Kärnten, Wien und Niederösterreich ins Leben gerufen hatten. Lenk erkannte rasch, welche Vorteile ein Zusammenschluß aller dieser Organisationen geboten hätte. Aber obwohl es zu Treffen in München, Salzburg und Eger kam, scheinen weder die Sudetendeutschen noch die Deutschösterreicher von der Idee, sich Lenk zu unterstellen, begeistert gewesen zu sein. Sie entsandten Delegationen ihrer Jugendverbände zu Veranstaltungen in München und Nürnberg, aber dabei blieb es, bis Hitlers fehlgeschlagener Putsch am 9. November 1923 das Ende der ersten NSDAP und damit aller Einigungsbestrebungen brachte.

Wie unentbehrlich Hitler für das Fortbestehen der NSDAP war, zeigte sich am deutlichsten während seiner Abwesenheit, als er neun Monate Haft in der Festung Landsberg absaß. Er allein war der Dreh- und Angelpunkt der nationalsozialistischen Bewegung; nur er konnte ihr Form und Zusammenhalt geben. Nach dem Aufstieg der KPD war es klar, daß am entgegengesetzten Ende des politischen Spektrums Raum für eine ähnliche radikale Partei sein mußte. Daß diese Partei die NSDAP war und daß sie sich gegen eine Vielzahl rechtsextremistischer Parteien und Gruppierungen durchsetzen konnte, war das ausschließliche Verdienst der Persönlichkeit Hitlers.

Während Hitler in Landsberg saß, zerfiel die Partei – und mit ihr ihre Jugendbewegung. Gerhard Roßbach, der Gründer und ehemalige Führer des Freikorps Roßbach, einer der frühesten Anhänger Hitlers, mußte nach Österreich ins Exil gehen und gründete dort die „Schilljugend" – nach Ferdinand von Schill, einem der Helden der Aufstände gegen Napoleon. Lenk rief einen „Vaterländischen Jugendverband Großdeutschland" ins Leben und übernahm im April 1924 die Führung der im Vogtland ansässigen „Großdeutschen Jugendbewegung". In anderen Gebieten wurden Nachfolgeorganisationen als Sport- oder Wandervereine getarnt.

Die internen Machtkämpfe zwischen Hitlers Gefolgsleuten mußten sich selbstverständlich auch auf die Jugendorganisationen auswirken. Gregor Strasser und Ernst Röhm gründeten entgegen Hitlers Befehl eine „Nationalsozialistische Freiheitsbewegung", die bei den Reichstagswahlen im Mai 1924 zwölf Sitze errang.

Drexler, Alfred Rosenberg, Julius Streicher und andere, die den eher sozialrevolutionären und antikapitalistischen Parteiflügel vertraten, lehnten jegliche Zusammenarbeit mit der norddeutschen „Bourgeoisie" ab und schlossen sich zu einer „Großdeutschen Volksgemeinschaft" zusammen. Da keiner ihrer Führer über das in diesem Stadium nötige Organisationstalent verfügte, wandten sie sich hilfesuchend an Gustav Adolf Lenk, der seine alten Verbindungen niemals hatte abreißen lassen.

Nach Hitlers Haftentlassung wurde die NSDAP wiedergegründet. Am 4. März 1925 rief Lenk zur Neugründung einer Jugendbewegung der NSDAP auf. Sein rastloser Einsatz und seine Tatkraft nützten ihm persönlich wenig. Er wurde plötzlich von noch immer unbekannten Parteigenossen bei Hitler verleumdet und wegen angeblicher Unfähigkeit und Unterschlagungen – beides unbewiesene Vorwürfe – aus dem Amt entfernt.

Aber Lenks Tätigkeit im Vogtland während Hitlers Festungshaft trug jetzt ihre Früchte. Zu den unter seiner Anleitung gegründeten Gruppen gehörte die „Großdeutsche Jugendbewegung" in Plauen. Ihr Führer, der 1904 geborene Kurt Gruber, war ein typischer Angehöriger der deutschen Nachkriegsgeneration, die sich Deutschlands Zukunft und Wiederaufstieg nur im Rahmen einer nationalsozialistischen Ordnung vorstellen konnte. Gruber war selbst sehr aktiv und nahm bald Verbindung zu gleichgesinnten Jugendgruppen auf. Ebenso wichtig war die Tatsache, daß es ihm gelang, die finanzielle Unterstützung des Textilfabrikanten Martin Mutschmann zu gewinnen, der vor kurzem in die NSDAP eingetreten war und es später bis zum Gauleiter

31

bringen sollte. Mit seiner Hilfe organisierte Gruber die NS-Jugendbewegung in ganz Sachsen. Sie war die stärkste Gruppe außerhalb Münchens, aber Grubers Versuch, sie in Berlin und Preußen zu etablieren, endete mit einem Fiasko.

Grubers Erfolg beruhte vor allem auf dem hohen Grad an Unabhängigkeit, den er sich zu bewahren verstand. Er wehrte alle Beeinflussungsversuche der Münchner Parteizentrale ab und berief 1925 nach der Wiedergründung der NSDAP ein Treffen aller sächsischen Jugendführer nach Plauen ein. Auf diesem Treffen trat die Großdeutsche Jugendbewegung, die zum größten Teil aus von Gruber geführten Jugendlichen bestand, offiziell in die NSDAP ein und löste alle noch bestehenden Verbindungen zu ähnlich orientierten Jugendorganisationen, weil Hitler keine Bewegung duldete, die sich ihm nicht bedingungslos unterstellte.

Als Lenks Nachfolger wurde Edmund Heines, ein ehemaliger Leutnant und Angehöriger des Freikorps Roßbach, mit allen die Jugendbewegung betreffenden Angelegenheiten betreut. Heines war einer der Führer der Schilljugend, die sich mit Schützenhilfe anderer nationalistischer Jugendgruppen und der Pfadfinder nach Bayern ausgedehnt hatte. Seine Berufung löste sofort einen Streit aus, der in der ganzen Frühgeschichte der NSDAP ungeschlichtet blieb. Die Schilljugend stand in dem Ruf, eine elitäre, vornehmlich bürgerliche Gruppierung zu sein. Gruber, dessen Gefolgschaft hauptsächlich der Arbeiterjugend der Industriegebiete Sachsens und Thüringens entstammte, wandte sofort ein, das Aufgehen der Großdeutschen Jugendbewegung in der

Deutschlands Zukunft: Hitlerjugend. Mit ihr hatte Adolf Hitler große Pläne.

Hitlerjugend wandert: Körperliche Ertüchtigung gehörte zum offiziellen Schulungsprogramm, dem sich niemand entziehen konnte.

Verpflegung im Sommerlager: Frühzeitig mußten sich die künftigen Soldaten des Dritten Reiches an ein spartanisches Leben gewöhnen.

Jungvolktreffen mit Trompetenschall: Auch Kinder wurden bereits „betreut" – sie waren die Vorstufe zur Hitlerjugend.

Schilljugend werde seine Rekrutierungsmöglichkeiten einschränken, weil kein Arbeiterjunge Lust haben könne, sich der versnobten Schilljugend anzuschließen. Er sei äußerstenfalls zu einem Zusammenschluß beider Bewegungen bereit, bei dem sein Verband seinen Namen behalten dürfen müsse. Die Schilljugend lehnte ab, indem sie ihren elitären Charakter betonte.

Das veranlaßte Hitler dazu, Gruber zu unterstützen, den er am 2. Oktober 1925 zum „Führer der Nationalsozialistischen Jugendbewegung in Sachsen" ernannte. Als Roßbach 1926 begnadigt wurde und nach Deutschland zurückkehren konnte, war er nicht länger bereit, sich Hitler zu unterwerfen, und ging seinen eigenen Weg. Die elitäre Grundeinstellung der Schilljugend bewirkte jedoch später ihren Zerfall wegen mangelnder Anziehungskraft auf die Massen.

Ideologisch war Gruber ein Einfaltspinsel. Er nahm Hitlers Programm für bare Münze, merkte nichts von den darin enthaltenen Widersprüchen und deutete die kompromißlos antisemitischen Parolen als eine Zeiterscheinung, deren radikale Auswirkungen sich bald verflüchtigen würden, sobald ihr propagandistischer Zweck erreicht war. Hitlers Unterstützung seiner gegen die Schilljugend bezogenen Position schien Grubers Auffassung, Hitler sei ein Sozialrevolutionär, zu bestätigen, und solange Gruber diese Überzeugung hegte, war er bereit, Hitler bedingungslos zu gehorchen. Aus Hitlers Sicht war ein Mann wie Gruber viel leichter zu lenken als ehemalige Frontoffiziere wie Ernst Röhm, Walter Stennes oder Gerhard Roßbach.

Auf dem ersten Parteitag der wiederauferstandenen

NSDAP, der am 3. und 4. Juli 1926 in Weimar stattfand, wurde die Großdeutsche Jugendbewegung auf Vorschlag Julius Streichers, des Gauleiters von Franken, in „Hitler-Jugend, Bund der deutschen Arbeiterjugend" umbenannt. Damit war die Hitlerjugend – die HJ – geboren. Gleichzeitig erklärte Hitler die Hitlerjugend zur einzigen offiziellen Jugendorganisation der NSDAP, und Gruber wurde zu ihrem ersten Reichsführer sowie zum Referenten für Jugendfragen in der Parteileitung ernannt.

In der Praxis bedeutete dies die Eingliederung der bisher unabhängigen NS-Jugendbewegung in den Parteiapparat. Gruber war damit zu einem Parteifunktionär geworden; er war kein unabhängiger Jugendführer mehr, der nach Gutdünken eigene Initiativen ergreifen konnte. Andererseits stimmte die „Nationalsozialistische Arbeiterjugend", die seit 1923 in Österreich existierte, jetzt ihrer Integration in die Hitlerjugend zu, wie es zahlreiche ähnliche Gruppen in Deutschland taten. Das bedeutete, daß Grubers Tätigkeitsfeld jetzt nicht mehr auf Sachsen beschränkt war, sondern ganz Deutschland und Österreich umfaßte. Deshalb bestand seine erste Aufgabe darin, den Integrationsprozeß so reibungslos wie möglich voranzutreiben, was ihm im allgemeinen gut gelang.

Aus über ganz Deutschland verteilten Einzelgruppen entstand nun eine große Organisation. Aber wie die nächsten Jahre zeigen sollten, war die völlige Integration der Hitlerjugend in den Parteiapparat ein schwierigeres Problem. Als der ehemalige Freikorpsführer Hauptmann Franz Felix Pfeffer von Salomon im November 1926 von Hitler zum Obersten SA-Führer (OSAF) ernannt wurde, verlangte er sofort die Unterstellung der

Hitlerjugend unter die SA, wozu sich Hitler trotz einiger Einwände Grubers prompt bereitfand.

Einen Monat später berief Gruber das erste Treffen von HJ-Führern, an dem auch Pfeffer von Salomon teilnahm, nach Weimar ein. Mit viel Taktgefühl und indem er sich als väterlicher Freund gab, gelang es Pfeffer von Salomon rasch, Grubers Bedenken zu zerstreuen und ihn als eifrigen Mitarbeiter zu gewinnen. Das greifbare Ergebnis dieser Besprechung waren „Richtlinien für die Beziehungen zwischen NSDAP und Hitlerjugend", die von Pfeffer von Salomon für die Partei und von Gruber für die HJ unterzeichnet wurden.

Diese Richtlinien entsprachen im wesentlichen den Hauptbestimmungen der inzwischen natürlich nicht mehr gültigen Satzungen aus dem Jahre 1922. Aber sie enthielten auch wichtige Ergänzungen, zum Beispiel die Bestimmung, daß jeder über 18 Jahre alte „Hitlerjunge" Mitglied der NSDAP sein mußte und daß der Verlust der Parteimitgliedschaft automatisch den Ausschluß aus der Hitlerjugend bedeutete.

In der Praxis hieß das, daß alle höheren HJ-Führer Parteigenossen sein mußten. Die Organisation der Hitlerjugend wurde dem Organisationsschema von NSDAP und SA angepaßt, die in Gaue, Kreise und Ortsgruppen unterteilt waren. Alle Ernennungen höherer HJ-Führer mußten von der NSDAP genehmigt werden, deren Genehmigung auch einzuholen war, wenn öffentliche Veranstaltungen geplant waren. Die Hitlerjugend hatte allen Befehlen von Parteiführern zu gehorchen, und die vierteljährlichen Führertreffen fanden unter Obhut der NSDAP statt. Erstmals wurde auch ein

Mitgliedsbeitrag – vier Pfennig im Monat – erhoben. Die Uniformen sollten vereinheitlicht werden, wobei besonders darauf zu achten war, daß sie nicht mit SA-Uniformen verwechselt werden konnten.

Zwischen 1926 und 1933 scheint es der Hitlerjugend vor allem darum gegangen zu sein, ihre eigene Position innerhalb der NSDAP zu behaupten. Manche Parteigenossen betrachteten die HJ lediglich als ein Anhängsel der SA, andere hielten sie für nationalsozialistische Pfadfinder, während in der Hitlerjugend Bedenken laut wurden, weil die Tendenz, ältere Parteigenossen als HJ-Führer einzusetzen, dem Grundsatz aller damaligen deutschen Jugendbewegungen – daß die Jugend durch Jugend geführt werden müsse – widersprach. Diese Tatsache setzte die Hitlerjugend der Kritik anderer Jugendbewegungen aus und verursachte die erste Spaltung: Im Mai 1927 trennte sich in Norddeutschland ein radikaler Flügel von der Hitlerjugend, legte diesen Namen ab und benannte sich in „Bund Deutscher Arbeiter-Jugend (BDAJ)" um.

Obwohl die „Richtlinien" des Jahres 1926 eine gleichzeitige Mitgliedschaft in HJ und NSDAP vorsahen, blieb es bei der alten Regelung, nach der Hitlerjungen mit 18 Jahren aus der HJ ausscheiden mußten und in die SA eintreten konnten. Das erschwerte die Heranbildung eines HJ-Führerkorps aus den eigenen Reihen ganz erheblich. Dieses Problem gehörte zu den Hauptpunkten, die von dem am 27. Oktober 1927 gegründeten „Jugendausschuß der NSDAP" auf seiner ersten Sitzung besprochen wurden. Dieser Ausschuß war auch für die nationalsozialistischen Studentenverbände zuständig, und als seine Aufgaben wuchsen, wurde er 1928 in das „Jugendamt" der NSDAP umgewandelt, an dessen Spitze Major a. D. Walter Buch, der Vorsitzende des Untersuchungs- und Schlichtungsausschusses der NSDAP, stand.

Daraus entwickelten sich sofort Streitigkeiten zwischen Jugendamt und SA-Führung wegen der von beiden Seiten für sich beanspruchten Zuständigkeit für die Hitlerjugend, bei denen schließlich Jugendamt und HJ Sieger blieben. Tatsächlich hatte Pfeffer von Salomon unwissentlich zu seiner späteren Niederlage beigetragen, als er Ende 1927 auf Grubers hartnäckiges Drängen hin seine Zustimmung dazu gegeben hatte, daß wegen des Mangels an geschultem Führernachwuchs dringend benötigte HJ-Führer auch nach dem 18. Geburtstag in der Hitlerjugend bleiben durften, anstatt in die SA übertreten zu müssen.

Gruber konnte jetzt glauben, der Weg sei frei, die Abhängigkeit von der SA sei beseitigt, und die Hitlerjugend könne beginnen, ihren eigenen Charakter und eigene Traditionen zu entwickeln. Vor allem das Fehlen einer eigenen Tradition machte sich in den Mitgliederreihen oft schmerzlich bemerkbar: Die HJ hatte nicht einmal eigene Lieder, sondern mußte die der „bürgerlich nationalen" Konkurrenz singen – oder schweigen.

Anfang 1928, als Gruber noch immer höhere Zuwendungen privater Kreise als Parteizuschüsse erhielt, richtete er in Plauen die Reichsgeschäftsstelle der Hitlerjugend ein. Dort arbeiteten lediglich ehrenamtliche Freiwillige, aber Gruber gelang es trotzdem, die Aktivitäten seines Büros zu erweitern, indem er ein eigenes

„Grenzlandamt" einrichtete. Diese Dienststelle nahm die noch von Lenk zu sudetendeutschen Gruppen in der Tschechoslowakei und zu deutschen Minderheitengruppen in Polen geknüpften Kontakte wieder auf. Zur Stärkung der „inneren Solidarität" der Hitlerjugend führte Gruber am 18. November den Reichsappell ein: im ganzen Reich traten zur gleichen Stunde alle HJ-Einheiten an, um einen wichtigen Tagesbefehl oder eine politische Erklärung zu hören.

Für den 28. bis 31. Dezember 1928 berief Gruber die gesamte HJ-Führerschaft zu einer Reichsführertagung in Plauen ein, wo drei wichtige Probleme besprochen wurden: Erstens wurden für die Jungen von zehn bis vierzehn Jahren die „Jungmannschaften" gegründet, aus denen später das „Jungvolk" wurde; zweitens wurde für die Mädchen die Gründung des „Bundes Deutscher Mädchen" (BDM) beschlossen; drittens wurden die Prinzipien erörtert, durch die sich die Hitlerjugend von anderen nationalistischen Jugendverbänden unterschied. In einem Grundsatzreferat führte Gruber dazu aus:

„Es liegt im Wesen der Hitlerjugend, daß sie ebenso wenig wie die Partei mit anderen Parteien, mit anderen Jugendorganisationen verglichen werden kann. Die Hitlerjugend ist weder ein politischer Wehrverband noch ein antisemitischer Pfadfinderbund ..., die Hitlerjugend ist die neue Jugendbewegung sozialrevolutionärer Menschen deutscher Art und volkhaften Wesens, verkettet mit dem Schicksal der Nation. Sie betont die Erziehung und die Pflege der Persönlichkeit unter klarer Erkenntnis der gegebenen Verhältnisse und ihrer Forderungen.

Diese heißen nicht nur die Heimat erwandern und erleben, sondern heißen heute, die Heimat mit dem Einsatz des Lebens erkämpfen, heißen: Staat und Wirtschaft aus den Krallen kapitalistischer, volkstumsfeindlicher Mächte zu befreien. Daraus folgern wir den Willen zum neuen sozialistischen Volksstaat Adolf Hitlers und wissen, daß sein Weg nur über die Leiche des Marxismus geht... So reift in uns ein neuer Typ deutscher Jugend: die Hitlerjugend. Ein Typ, der hart, scharf und fest geformt, politisch in der Organisation gebunden, einer realen Welt des Nationalsozialismus im Marschtritt der neuen Jugend zustrebt, hinweg über all das Gerümpel von Bünden und Grüppchen nur einem folgt, ihrem Führer Adolf Hitler."

Grubers erneute Betonung der Andersartigkeit der Hitlerjugend war keineswegs nur Ausdruck einer persönlichen Marotte, sondern basierte auf durchaus begründeten Befürchtungen. Neben der HJ war der Nationalsozialistische Deutsche Studentenbund gegründet worden, der seit Ende 1928 von Baldur von Schirach geführt wurde, der mit Hilfe dieser Hausmacht einen Zusammenschluß aller nationalistischen Jugendverbände durchzusetzen hoffte. Gruber betrachtete dieses Vorhaben verständlicherweise nicht nur als Bedrohung seiner eigenen Stellung, sondern auch als Gefahr für die von ihm entwickelte Konzeption der Hitlerjugend.

Der 1907 geborene Schirach war der Sohn eines preußischen Hauptmanns a. D., der später Generalintendant des Hoftheaters in Weimar geworden war. Schirachs Mutter und seine Großmutter väterlicherseits waren Amerikanerinnen gewesen. Alle Kinder der

39

Familie Schirach besuchten exklusive Privatschulen, bis die deutsche Niederlage dem 1918 ein Ende setzte. Baldur von Schirachs älterer Bruder verübte Selbstmord, weil er das Unglück Deutschlands nicht überleben wollte. Die anderen Kinder mußten nun in öffentliche Gymnasien überwechseln. Im Jahre 1925 hörte der damalige Gymnasiast Baldur von Schirach Hitler zum erstenmal sprechen und wurde mit knapp 18 Jahren NSDAP-Mitglied. Zwei Jahre später schrieb er sich an der Universität München ein, um Germanistik und Kunstgeschichte zu studieren. Hitler, der sich stets geschmeichelt fühlte, wenn Menschen, die seiner Ansicht nach zur deutschen Oberschicht gehörten, ihm ihre Aufwartung machten, empfing Schirach mit offenen Armen. Er hatte der Familie schon im Jahre 1925 einen ersten Besuch abgestattet, und der Vater war seinem Sohn bald in die NSDAP gefolgt.

In München trat der junge Schirach in die SA ein, obwohl er dort wegen seines knabenhaften Aussehens, das ihm bis zu den letzten Tagen des Dritten Reichs anhing, oft gehänselt wurde. Er wurde auch Mitglied des Nationalsozialistischen Studentenbundes, der damals von Wilhelm Tempel, einem überzeugten nationalsozialistischen Revolutionär, geführt wurde. Schirach, der sich sein Geld nie hatte selbst verdienen müssen, stand den Problemen von Arbeitern und Werkstudenten verständnislos gegenüber und galt deshalb bald als Sprecher der gehobenen bürgerlichen Kreise im Studentenbund. Mit Hitlers aktiver Unterstützung wurde er zum Führer des NS-Studentenbundes ernannt und trat am 20. Juli 1928 an Stelle von Wilhelm Tempel als Reichsführer und

40

Referent für Studentenfragen in die Parteileitung ein. Nun ging es ihm darum, sich zum Führer der gesamten Hitlerjugend aufzuschwingen.

Ohne Hitler oder Gruber zu informieren, schickte er Rundschreiben an andere Jugendverbände. Obwohl sie vertraulich bleiben sollten, wurden diese Versuche Schirachs und damit auch seine wahren Absichten bald öffentlich bekannt – sehr zur Freude der Zeitschriften anderer nationalistischer Jugendverbände. Gruber tat alles Menschenmögliche, um diese Entwicklung zu verhindern; er bereiste ganz Deutschland, suchte alle ihm unterstellten HJ-Führer auf und setzte seine ganze Überzeugungskraft ein, um sie zu seinem Standpunkt zu bekehren und ihnen die von Schirachs Ideen ausgehenden Gefahren vor Augen zu führen.

Um Hitler günstig zu beeindrucken, sorgte er dafür, daß auf dem Nürnberger Reichsparteitag des Jahres 1929 zweitausend Hitlerjungen in Braunhemden an „ihrem Führer" vorbeimarschierten. Fast die Hälfte von ihnen war aus Österreich gekommen; die nächststärksten Kontingente kamen aus Sachsen, Berlin-Brandenburg und Niedersachsen. Die Berliner HJ wirkte als Vorbild durch ihren Adolf-Hitler-Marsch: Sie war von Berlin nach Nürnberg marschiert – fast 500 Kilometer!

Aber auch Schirach war nicht untätig geblieben. In Nürnberg lud er gemeinsam mit Alfred Rosenberg die Führer anderer nationalistischer Gruppen, das heißt der völkischen Bünde, ein. Gruber weigerte sich, teilzunehmen, und schickte seinen Stellvertreter hin.

Bei diesem Treffen gelang es Schirach nicht, die Unterstützung seiner völkischen Konkurrenten zu gewinnen, was automatisch ihre Unterordnung unter die Hitlerjugend bedeutet hätte. Gruber erreichte auch, daß Pfeffer von Salomon, der Oberste SA-Führer, Schirach und Rosenberg unmißverständlich klarmachte, daß die Hitlerjugend die einzige nationalsozialistische Jugendbewegung sei und bleibe.

Grubers Position schien wieder gesichert zu sein, aber auf der anderen Seite hatten sich die Beziehungen zu den meisten Bünden weiter verschlechtert – und Schirachs Studentenbund war viel flexibler und konnte seinen Tätigkeitsbereich deshalb erheblich ausweiten.

Der neue Geist

1929–1936

Im Herbst 1929 stellte Gruber für die Hitlerjugend einen Antrag auf Aufnahme in den „Reichsausschuß der Deutschen Jugendverbände". Dieser Antrag wurde mit der Begründung abgelehnt, die Hitlerjugend weigere sich, ihrer Satzung entsprechend, mit anderen Jugendverbänden zusammenzuarbeiten, und betreibe eine staatsfeindliche Politik.

Das war ein Anzeichen für die weitere Erhöhung der politischen Spannung seit Ausbruch der Weltwirtschaftskrise, und Gruber sah sich veranlaßt, selbst an die Öffentlichkeit zu treten, um auch der unpolitischen deutschen Öffentlichkeit die Bedeutung der Hitlerjugend vor Augen zu führen.

Im November 1929 veranstaltete er in München eine erfolgreiche HJ-Ausstellung. Im März 1930 fand in Berlin eine Großkundgebung der Hitlerjugend zum Thema „Vom Widerstand zum Angriff" statt, bei der als prominentester Redner der Gauleiter von Berlin, Dr. Joseph Goebbels, auftrat.

Organisatorisch war die Hitlerjugend jetzt in 35 Gaue unterteilt, zu denen etwa 18 000 deutsche Jugendliche und fast 3000 junge Österreicher gehörten.

Das Organisationsschema wurde gelegentlich abgeändert, damit bei Wahlkämpfen mehr Hitlerjungen von außerhalb der Großstädte als Wahlkampfhelfer zur Verfügung standen.

Die zunehmende Radikalisierung der Politik in der Weimarer Republik zeigte sich natürlich am deutlichsten bei den Extremen des politischen Spektrums. Anfangs tat die Reichsregierung ihr Bestes, um den wachsenden Extremismus einzudämmen. In verschiedenen Ländern wurde allen Schülern von Höheren und Handelsschulen die Mitgliedschaft in der Hitlerjugend verboten; wer dagegen verstieß, mußte mit Verweisung von der Schule rechnen. Dem folgte ein Runderlaß in Preußen, mit dem alle nationalistischen und kommunistischen Jugendverbände aus der staatlich geförderten Jugendpflegeorganisation ausgeschlossen wurden. Andere deutsche Länderregierungen schlossen sich diesem Schritt an. Interne Auseinandersetzungen innerhalb der NSDAP wirkten sich in diesem Zeitraum kaum auf die Hitlerjugend aus, die damals bereits fest in die NSDAP integriert war.

Schwerer als die meisten anderen Verbote traf das Veröffentlichungsverbot die Hitlerjugend, denn es drohte – da gleichzeitig auch andere Parteizeitungen und -schriften verboten wurden – die parteieigenen Druckpressen lahmzulegen. In dieser Anfangszeit erschien eine Beilage zum „Völkischen Beobachter", der später verschiedene Zeitschriften folgten, bis ab 1929 „Die junge Front", eine Zeitschrift für HJ-Führer, und die „Hitler-Jugend-Zeitung" für die Gefolgschaft erschienen. Auch in Österreich gab es eigene HJ-Zeitschriften. Die Berliner Hitlerjugend leistete Pionierarbeit mit ihrer zweiwö-

chentlich erscheinenden Zeitung „Der junge Sturmtrupp". Da sich alle diese Zeitungen und Zeitschriften
noch im Aufbaustadium befanden, bedeuteten die häufigen Verbote durch Landesregierungen oder die Reichsregierung jeweils schwere finanzielle Verluste.

Baldur von Schirach benutzte die Schwierigkeiten der
Hitlerjugend als Beweis für Grubers angebliche taktische
Unfähigkeit, weil er durch seine Starrköpfigkeit den
Zusammenschluß aller nationalistischen Jugendverbände verhindert habe. Diese Argumentation übersah
natürlich geflissentlich die Tatsache, daß die gesamte
NSDAP während Heinrich Brünings Kanzlerschaft von
1930 bis 1932 von amtlichen Stellen unter Druck gesetzt
wurde, um ihren Radikalismus in Zaum zu halten.

Im Jahre 1931 verschlechterte Grubers Position sich
jedoch. Röhm war aus Bolivien zurückgekehrt, wo er als
Militärberater tätig gewesen war. Pfeffer von Salomons
aristokratische Unabhängigkeit als Oberster SA-Führer
begann Hitler zu irritieren, und als die Spannungen
zwischen ihnen zunahmen, hielt der OSAF es für ratsam,
von seinem Posten zurückzutreten, den Hitler sofort
selbst übernahm. Die Reichstagswahlen im September
1930 brachten der NSDAP 6 500 000 Stimmen und 107
Mandate. Röhm wurde Anfang 1931 zum Stabschef der
SA ernannt, während Hitler Oberster SA-Führer blieb.

Röhms Ernennung führte auch zur Neufestlegung des
Verhältnisses zwischen SA und Hitlerjugend. Am 27.
April 1931 unterstellte Hitler die Hitlerjugend als
eigenständige Organisation wieder dem direkten Befehl
der Obersten SA-Führung, so daß der Reichsführer HJ
ein Untergebener des Stabschefs der SA war.

45

Alle HJ-Gruppen unterstanden jetzt den jeweiligen SA-Kommandos, aber nicht anderen Zweigen der SA-Verwaltung. Die Aufsichtsfunktion der SA über die Hitlerjugend beschränkte sich auf die Führung der Jungen bei öffentlichen Aufmärschen oder Kundgebungen, die Überwachung ihres Auftretens in der Öffentlichkeit und das Recht, gegen Ernennungen höherer HJ-Führer Einspruch zu erheben. Jede Gebietsführung der SA sollte einen eigenen HJ-Berater erhalten, während der Reichsführer HJ in dieser Eigenschaft im Stab der SA in München tätig werden würde. Die Reichsleitung der Hitlerjugend sollte von Plauen in die Münchner Parteizentrale verlegt werden.

Dieser Erlaß beseitigte den bis dahin üblichen Mißstand, daß Befehle parallel von einem SA- und einem HJ-Führer gegeben werden konnten. Auf der mittleren und unteren Ebene kamen sie jetzt direkt von einem HJ-Führer, was größere Bewegungsfreiheit und zusätzliche Entwicklungsmöglichkeiten der betroffenen Gliederungen mit sich brachte. Trotzdem beendete der Umzug der HJ-Reichsleitung von Plauen nach München die Unabhängigkeit, die Gruber sich bis dahin zu bewahren verstanden hatte.

Nach dem Rücktritt Pfeffer von Salomons und der Ernennung Röhms verschlechterte sich Grubers Position – schon aus dem einfachen Grund, weil er sich nicht mit Röhm verstand. Grubers Rücktritt erfolgte im Oktober 1931 und gab zu zahlreichen Gerüchten Anlaß, die von einer Veruntreuung von HJ-Geldern wissen wollten, was sich jedoch als bösartiger Klatsch erwies.

Bedeutsamer war die Tatsache, daß Baldur von

Schirach gut mit Röhm auskam und (mit einigem Recht) auf das schnelle Wachsstum seines Nationalsozialistischen Studentenbundes hinweisen konnte, im Vergleich zu dem die Hitlerjugend nur langsam gewachsen war. Im Gegensatz zu Lenk wurde Gruber nicht in die Wüste geschickt: Er wurde in die Reichsleitung der NSDAP (Jugendausschuß) berufen, und seine Arbeit beim Auf- und Ausbau der HJ fand – damals und später – einige Anerkennung.

Am 30. Oktober 1931, einen Tag nach Grubers Rücktritt, ordnete Hitler folgendes an: „Im Rahmen der Obersten SA-Führung wird eine neue Dienststelle ‚Reichsjugendführer‘ (RJF) errichtet. Der Reichsjugendführer untersteht dem Chef des Stabes der SA unmittelbar. Zum Reichsjugendführer ernenne ich den Pg. von Schirach."

Zum Arbeitsbereich des Reichsjugendführers gehörten der Nationalsozialistische Studentenbund, die Hitlerjugend und der Nationalsozialistische Schülerbund. Mit der HJ-Führung wurde ein eigener Reichsführer beauftragt, der jedoch Baldur von Schirach unterstellt war. Damit hatte Schirach endlich sein Nahziel erreicht, denn in Hitlers Weisung hieß es: „Der RJF ist Referent für alle (oben genannten) Gliederungen und bearbeitet im Stabe des Obersten SA-Führers die gesamten Jugendangelegenheiten."

Nun wurde auch der 1929 in Hamburg gegründete Nationalsozialistische Schülerbund in die Hitlerjugend eingegliedert. Diese überwiegend bürgerlich orientierte Vereinigung bestand in der Hauptsache aus Gymnasiasten, die mit ziemlichem Snobismus auf ihre proletarischen Brüder in der Hitlerjugend hinabsahen. Auf politischem Gebiet waren sie von der Reichsleitung der NSDAP unabhängiger gewesen als die Hitlerjugend und wegen ihres Antisemitismus berüchtigt. Jüdische Lehrer und Schulleiter lernten sie in zunehmendem Maße als nicht nur lästig, sondern geradezu gefährlich kennen. Mitglieder des NS-Schülerbundes scheuten nicht vor verbalen und tätlichen Angriffen auf Lehrer zurück, die aus rassischen oder politischen Gründen mißliebig waren, und lieferten dadurch den Kreisen Argumente, die drastische Maßnahmen gegen Hitler und seine Bewegung forderten. Diese „drastischen Maßnahmen" wurden allerdings nie ergriffen. Verbote und Ausschlüsse wirkten nur als Nadelstiche, die letzten Endes noch stärkere und gewalttätigere Reaktionen nach sich zogen.

Bemerkenswert an Hitlers Weisung vom 30. Oktober 1931 war, daß die Mädchenorganisation der Hitlerjugend – der BDM – mit keinem Wort erwähnt wurde. Die 1927 in Plauen als HJ-Abteilung für Mädchen ins Leben gerufene Vereinigung führte ein verhältnismäßiges Schattendasein, bis sie im Juli 1930 offiziell den Namen „Bund Deutscher Mädchen" (BDM) erhielt. Trotzdem dauerte es noch zwei Jahre, bis Richtlinien erlassen wurden, die ihn zu einem integralen Bestandteil der Hitlerjugend und dem einzigen Mädchenbund der NSDAP machten. Der BDM wuchs verhältnismäßig rasch. Beim Reichsjugendtreffen in Potsdam am 1. und 2. Oktober 1932 waren von den etwa 70 000 Teilnehmern rund 15 000 Mädchen.

Eine weitere Jugendorganisation, die sich der Hitlerjugend anschloß – das „Deutsche Jungvolk" –, war gar nicht in Deutschland gegründet worden, sondern hatte seine Wurzeln in Österreich und dem Sudetenland, wo noch immer viele Traditionen der deutschen Jugendbewegung vor dem Krieg lebendig waren. Seine Parolen enthielten noch viel sozialrevolutionäres Gedankengut. Politisch existierte keine Bindung an eine der Parteien, aber das Deutsche Jungvolk stand jedenfalls stramm rechts. In Wien wurde es wegen seiner lärmenden Demonstrationen gegen den Film „Im Westen nichts Neues" unrühmlich bekannt.

Etwa ab 1930 begannen DJ-Gruppen in Deutschland sich der Hitlerjugend anzuschließen – allerdings nicht als integrierter Bestandteil, sondern in geschlossenen Gruppen. Schirach konnte somit auf eine eigenständige Gruppierung innerhalb der Hitlerjugend hinweisen, die die Traditionen der deutschen Jugendbewegung wahrte. In der Praxis betrachtete er das Jungvolk als ideale Organisation für Jugendliche bis zu 14 Jahren, bei denen die Romantik der Lagerfeuer und der Liederabende viel Anklang finden würde. Von allen Jugendverbänden, die in die Hitlerjugend eingegliedert wurden, durfte das Jungvolk als einziger seine alten Abzeichen behalten: eine Siegrune (die SS führte später zwei) in schwarzem Feld. Aber als immer mehr DJ-Gruppen zur Hitlerjugend übertraten, wurde die Mitgliedschaft in der HJ von vielen Länderregierungen untersagt. Vom 13. April bis 16. Juni 1932 war die Hitlerjugend wie alle übrigen uniformierten Abteilungen der NSDAP auf Anordnung der Regierung Brüning im ganzen Reich verboten.

Der Preis für die aktive politische Betätigung der

Hitlerjugend – vor allem in den Jahren 1931 bis 1933 – war hoch: Ihr Kampf kostete 23 Hitlerjungen das Leben. „Wir marschieren für Hitler/Durch Nacht und Not/Mit der Fahne der Jugend für Freiheit und Brot . . . Ja, die Fahne ist mehr als der Tod" – die Worte des „Fahnenlieds" der Hitlerjugend, das Baldur von Schirach geschrieben hatte, wurden für einige zur bitteren Realität, als der politische Kampf sich aus dem machtlosen Reichstag auf die Straßen verlagerte, wo Rotfront und Sturm-Abteilungen sich in erbarmungsloser Feindschaft gegenüberstanden.

Das prominenteste Opfer – prominent wegen des Propagandafeuerwerks, das Goebbels in diesem Fall abbrannte, und des nach 1933 nach seinem Leben gedrehten Ufa-Films – war der „Hitlerjunge Quex" Herbert Norkus. Er war der Sohn eines Berliner Taxifahrers, der wegen der durch die Weltwirtschaftskrise verursachten wirtschaftlichen Schwierigkeiten selbst zur SA gegangen war. Als zwölfjähriger Hitlerjunge verteilte er am 26. Januar 1932 gemeinsam mit fünf Kameraden Handzettel, die zu einer Kundgebung für den übernächsten Tag einluden. Auf dieser Kundgebung sollten prominente HJ-Führer über Themen wie „Hakenkreuz oder Sowjetstern?" und „Was wir wollen" sprechen. Norkus wohnte im „roten" Wedding, dem großen Arbeiterviertel Berlins, und war dort ab sechs Uhr morgens unterwegs. Der Führer der kleinen Gruppe wurde auf einen Motorradfahrer aufmerksam, der schon mehrmals in auffälliger Weise die Straße auf und ab gefahren war. Als er die Jungen als Nationalsozialisten erkannt hatte, fuhr er in schnellem Tempo davon.

Dann standen die Zettelverteiler plötzlich vor einem weit überlegenen Trupp Kommunisten und wurden zersprengt. Herbert Norkus erhielt zwei Messerstiche. Er hatte noch die Kraft zu einem Fluchtversuch, aber als er sich in eine Molkerei retten wollte, schloß der Pförtner das Tor vor ihm zu. Er lief weiter und wurde erneut niedergestochen. Noch einmal wollte er sich an einem Laternenpfahl aufrichten. Die blutige Spur seiner kraftlosen Finger blieb als Mal an der Hauswand. Seine Mörder schleppten ihn in den Flur des Hauses Zwinglistraße 4, wo er verblutete. Im Moabiter Krankenhaus wurde festgestellt: „Er hatte fünf Dolchstiche in den Rücken und zwei in die Brust erhalten. Fast alle gingen in die Lunge, jeder einzelne war tödlich. Außerdem war sein Gesicht fast zur Unkenntlichkeit zerschlagen oder zertreten worden. Die Oberlippe fehlte."

Ähnlich endeten viele politische Auseinandersetzungen in der Endphase der Weimarer Republik. Allein in Berlin wurden sechs Hitlerjungen ermordet, von denen drei aus dem „roten" Wedding stammten. Zweifellos erging es militanten Nazigegnern in der damaligen Zeit nicht besser, aber angesichts der Opfer, die diese ideologisch irregeführten, aber trotzdem idealistischen jungen Menschen brachten, täte man allen Ermordeten der damaligen Zeit schweres Unrecht, wollte man heute nur noch von kommunistischen Helden auf der einen und faschistischen Bestien auf der anderen Seite sprechen. Ebenso tragisch ist die Tatsache, daß exemplarische Fälle wie Herbert Norkus nur Wasser auf Goebbels' Propagandamühlen waren, die Einstellung und Weltanschauung noch ungeborener Jahrgänge beeinflussen sollten.

Es ist noch immer unmöglich, genaue Angaben über die Mitgliederzahl der Hitlerjugend in den Jahren vor 1936 zu machen – vor allem nicht für die Jahre zwischen 1930 und 1933, weil es kaum Angaben über die zahlenmäßige Stärke von Jugendorganisationen wie dem Jungvolk gibt, das bis 1933 ziemlich eigenständig innerhalb der Hitlerjugend existierte. Beispielsweise würden die erhobenen Mitgliedsbeiträge als Grundlage einer Mitgliedsberechnung ein falsches Bild ergeben, denn die damals sehr hohe Arbeitslosigkeit betraf vor allem auch Schulabgänger (damals 14- bis 18jährige Jugendliche), und arbeitslose Hitlerjungen brauchten keine Beiträge zu zahlen. Im Jahre 1931 gab es etwa 20 000 zahlende Mitglieder, denen eine unbekannte Anzahl „beitragsfreier" Mitglieder gegenüberstand. In Berlin, dessen Hitlerjugend unter Arthur Axmanns Führung besonders straff organisiert war, gab es 1932 weniger als 1000 zahlende Hitlerjungen.

Ebensoschwer läßt sich die soziale Herkunft der HJ-Mitglieder in diesem Zeitraum bestimmen. Im Jahre 1930 sollen 2800 beitragspflichtige Mitglieder neu in die Hitlerjugend aufgenommen worden sein, das heißt nur in die HJ, nicht in den BDM, den NS-Schülerbund, das Jungvolk und ähnliche Organisationen. Von diesen 2800 Jungen waren etwa 1000 Lehrlinge und Jungarbeiter, über 500 Gymnasiasten, 400 ehemalige Angehörige anderer Jugendbewegungen (woraus sich keine soziale Herkunft ableiten läßt) und 900 „Sonstige". Für 1932 wurden genauere, aber trotzdem nicht verifizierbare Angaben vorgelegt: 69 Prozent Arbeiter, 10 Prozent in Handel und Gewerbe Tätige (als Lehrlinge) und 12

Prozent Schüler. Die restlichen neun Prozent wurden nicht näher bezeichnet, aber wir können annehmen, daß viele von ihnen arbeitslos waren.

Die Wirtschaftskrise, die mit dazu beigetragen hatte, daß Hitler einen so überwältigenden Wahlsieg errungen hatte, wirkte sich innerhalb der Hitlerjugend durch eine stärkere Betonung der „sozialistischen" Komponente aus, die sich vor allem in ihrer Agitation in den Arbeitervierteln der Großstädte bemerkbar machte. Berlin-Wedding war nur *ein* Beispiel dafür; Kiel, die Stadt und der Kriegshafen, in dem die Revolution des Jahres 1918 begonnen hatte, war ein weiteres. Dort wurde die Hitlerjugend von der örtlichen NSDAP weitgehend ignoriert und mußte sich selbst behaupten. Sie organisiert eigene Diskussionsabende, veranstaltete öffentliche Kundgebungen und sorgte selbst für den Saalschutz.

Die Kieler NSDAP-Ortsgruppe kümmerte sich nur um sie, wenn sie Plakatkleber brauchte. Wie in anderen deutschen Städten organisierte die Hitlerjugend auch in Kiel die systematische Störung von Vorstellungen des Films „Im Westen nichts Neues", der angeblich das „heroische Bild" des deutschen Soldaten in den Schmutz zog. Straßenschlachten mit kommunistischen Jugendverbänden oder sogar mit der kommunistischen paramilitärischen „Roten Front" waren alltäglich. Beide Seiten begnügten sich nicht mehr mit Fäusten, Stöcken oder Knüppeln, sondern gebrauchten häufig Schußwaffen.

Als die Hitlerjugend 1932 Uniformverbot hatte, marschierte „eine ganze Schlachtergefolgschaft von Schlachterlehrlingen" in ihrer Berufskleidung. „Die

Gegner hatten gerade vor dieser Gruppe einen Heiden-
respekt, denn man munkelte, mancher trüge sein Messer
unter der Jacke versteckt." Selbst erwachsene Rotfront-
Mitglieder legten sich nicht gern mit ihnen an. In Kiel wie
anderswo galt die KPD als Hauptgegner, was ein HJ-
Flugblatt vom August 1932 beweist:

„Jugendgenossen! *Wir* stürzen das alte System. Wir
buhlen nicht um Eure Stimmen zur Reichstagswahl,
sondern Euch selber wollen wir haben! Mit dem Tage der
nationalsozialistischen Regierungsübernahme beginnt
erst die deutsche Revolution. Dann müssen die jungen
sozialistischen Kräfte aus allen Lagern geeint sein, der
Reaktion die Stirn zu bieten ... Auf unseren Fahnen
steht nicht ‚Moskau‘, steht nicht ‚Internationale‘ und
nicht ‚Pazifismus‘, da steht: ‚Deutschland, nichts als
Deutschland!‘

Kommt mit fliegenden Fahnen zu uns in die Deutsche
Arbeiterjugend (HJ), kämpft bei uns gegen das alte
System, gegen die alte Ordnung, gegen die alte Generation! Hier ist der Freiheit letztes Aufgebot, kämpft mit
für Sozialismus, für Freiheit und Brot!

Hinein in die deutsche Arbeiterjugend Kiel!"

Werbemärsche führten durch die Städte und Dörfer
Schleswig-Holsteins – ein Gebiet, das wegen zahlreicher
Zwangsversteigerungen von Bauernhöfen, deren Besit-
zer ihre Steuerschulden und Hypotheken nicht mehr
hatten zahlen können, bereits stark radikalisiert war. Die
Bauern schlossen sich zusammen, die anfangs Gerichts-
vollzieher daran hinderten, Vieh davonzutreiben oder
Höfe zu pfänden, und schließlich dazu übergingen,
Sprengstoffanschläge auf Finanzämter zu verüben.

Auf dem Lande wurde die Hitlerjugend geduldet, wenn nicht sogar mit offenen Armen empfangen, und da die Kommunisten das Vorgehen der Bauern ebenfalls unterstützten, existierte dort ein stillschweigender Waffenstillstand zwischen „Roten" und „Braunen". Aber in der Stadt sah die Lage anders aus. Die gewalttätigen Straßenkämpfe führten dazu, daß jeder Hitlerjunge in der Schule oder am Arbeitsplatz automatisch verdächtigt wurde, ein übler Schläger zu sein. Eltern machten sich Sorgen um das körperliche Wohlbefinden ihrer Kinder und versuchten – meistens vergebens – sie von politischer Betätigung abzuhalten. Lehrer wurden von den Schulbehörden aufgefordert, Listen von „Nazis" in ihren Klassen aufzustellen.

Die katholische Kirche leistete in Hirtenbriefen und anderen kirchlichen Erlassen Widerstand gegen die Hitlerjugend und hielt ihre eigenen Jugendorganisationen unter strikter Kontrolle. Der blindwütige Antisemitismus eines Julius Streicher und die antichristliche Philosophie eines Alfred Rosenberg, die er in seinem Buch „Der Mythos des 20. Jahrhunderts" dargelegt hatte, boten willkommene Angriffspunkte im Kampf gegen die NSDAP und die ihr angeschlossenen Gliederungen.

Andererseits war die nationalistische Komponente der Nationalsozialisten jedoch praktisch unangreifbar. In ihrem Streben, sich von den „Fesseln" des Versailler Vertrages zu befreien, um ein neues Deutschland zu schaffen, und in ihrer Erkenntnis der Machtlosigkeit des Weimarer Systems waren die konfessionellen Jugendbünde und die Hitlerjugend sich einig. Zu ihren gemeinsamen Hauptzielen gehörte die Schaffung Großdeutschlands – ein Deutschland, zu dem auch Deutsch-Österreich gehören sollte, dessen Parlament dreimal für eine Entschließung gestimmt hatte, nach der Deutsch-Österreich als Bestandteil des Deutschen Reiches zu betrachten sei. Für viele Katholiken und Protestanten galt ganz allgemein, daß die westliche Form der Demokratie mit ihrer Politik der pluralistischen Wahl der deutschen politischen Tradition fremd und unangemessen sei, und befürworteten statt dessen eine Art korporativen Staat. Es war kein Zufall, daß die bedeutendsten deutschen Theoretiker des Korporationsstaates gleichzeitig gläubige Katholiken waren.

Um sich gegen die Angriffe der Kirchen zu verteidigen, verwiesen die NSDAP und ihre Jugendbewegung auf das Beispiel Italiens, wo es Mussolini gelungen war, sich die Unterstützung des Vatikans zu sichern und dadurch ein allseits befriedigendes Verhältnis zwischen Kirche und Staat herzustellen. Zweifelsohne wollten viele Parteigenossen nichts anderes als das, aber daraus erhellt wieder einmal die Heterogenität der in der NSDAP zusammengefaßten Kräfte, deren gemeinsamer Nenner letzten Endes nicht Deutschland war, sondern ein Mann – Adolf Hitler.

Die konfessionellen Jugendbünden und Hitlerjugend gemeinsamen Elemente führten schließlich dazu, daß erstere Anleihen bei der Hitlerjugend machten und die HJ-Ausbildung kopierten, um Abwanderungen vorzubeugen. Paramilitärische Geländeübungen und Schießunterricht wurden auch bei ihnen eingeführt, obwohl es in einem Rundschreiben der katholischen Jugend hieß, das Evangelium und eine Schießausbildung seien kaum miteinander vereinbar. Aber dieser Warner blieb ein Ruf in der Wüste. Eines der beliebtesten und berüchtigtsten HJ-Lieder wurde von einem Jugendlichen komponiert und geschrieben, der damals noch der katholischen Jugendbewegung angehörte. Das Lied „Es zittern die morschen Knochen" von Hans Baumann endete mit einem Refrain, der oft in folgender Version zitiert wurde: „Wir werden weiter marschieren, wenn alles in Scherben fällt, denn heute gehört uns Deutschland und morgen die ganze Welt." Tatsächlich wurde dieser Refrain oft aus jugendlichem Überschwang und Tatendrang gesungen, aber die Originalfassung lautete entschieden anders: „Wir werden weiter marschieren, wenn alles in Scherben fällt; die Freiheit stand auf in Deutschland, und morgen gehört ihr die Welt."

Evangelische Jugendverbände waren von der Hitlerjugend leichter zu unterwandern als katholische. Das lag in erster Linie daran, daß sie organisatorisch sowie in ihrer ideologischen und parteipolitischen Orientierung viel zersplitterter waren – und daß ihre Mitglieder von ultrakonservativen Deutschnationalen bis zu liberalen Demokraten reichten. Manche dieser Gruppen lehnten die schwarz-rot-goldenen Farben der Weimarer Republik ab und marschierten statt dessen unter der schwarz-weiß-roten Fahne des Kaiserreichs.

Wichtig ist allerdings die Untersuchung zwischen der Führerschaft und den Mitgliedern evangelischer Jugendbünde. Während die Führer der NSDAP größtenteils reserviert oder offen feindselig gegenüberstanden, erwies ihre Gefolgschaft sich als viel empfänglicher für die HJ-Propaganda. Für sie galt, was einer ihrer Führer damals sagte: „Es ist hier einfach etwas Irrationales, etwas, das ansteckt, das Blut in Wallung bringt und ahnen läßt: hier bahnt sich etwas Großes an, hier ist das Brausen eines Stromes, dem man sich nicht entziehen kann."

In beiden Fällen – bei Katholiken wie bei Protestanten – konnte die Hitlerjugend jedoch erst nach dem Januar 1933 die Früchte der von ihr gesäten politischen Radikalisierung der deutschen Jugend ernten.

Das Jahr 1932 hatte eine beträchtliche Steigerung der Mitgliederzahlen gebracht. In Braunschweig sollte ein großes HJ-Treffen stattfinden, das jedoch von Wilhelm Groener, einst Ludendorffs Nachfolger und nun Innen- und Reichswehrminister, verboten wurde. Statt dessen fand eine geschlossene Veranstaltung von HJ-Führern statt, auf denen die Wimpel einzelner HJ-Einheiten mit folgenden Worten übergeben wurden: „Wir weihen unsere Fahnen im Zeichen der Auferstehung. Gott segne unsere Fahnen, den Sieg erkämpfen wir uns selbst."

Solange Brüning als Kanzler im Amt war, obwohl er nur mehr mit Notverordnungen des Reichspräsidenten regieren konnte – das heißt angesichts des heillos zerstrittenen, blockierten Reichstags ohne parlamentarische Zustimmung –, war die Republik noch stark genug, um sich ihrer Feinde von links und rechts zu erwehren und sie daran zu hindern, die Macht zu ergreifen. Als Brüning Ende Mai 1932 gestürzt und von Franz von Papen ersetzt worden war, gehörte zu den ersten Maßnahmen des neuen Reichskanzlers die Aufhebung des Uniformverbots der paramilitärischen Gliederungen der NSDAP. Durch diese „Öffnung nach rechts" hoffte er, die Unterstützung der NSDAP im Reichstag und dadurch eine tragfähige parlamentarische Mehrheit zu gewinnen. Hitler akzeptierte diese Zugeständnisse und deutete sie ganz richtig als ein Zeichen von Schwäche.

Seit Ende der zwanziger Jahre hatte die Reichswehr die paramilitärische Ausbildung rechtsstehender Jugendorganisationen aktiv gefördert. Auch die Hitlerjugend war zunächst gefördert worden, bis Groener ihr die Unterstützung entzogen hatte, weil er versuchte, die paramilitärischen Gliederungen aller Parteien in einer einzigen Organisation unter Kontrolle von Reichswehr und Innenministerium zusammenzufassen. Hitler war nicht bereit, seine SA und die Hitlerjugend solcher Kontrolle zu unterstellen, und zog ihr Verbot vor. Nach der Aufhebung dieses Verbots im Juni 1932 wurde die Zusammenarbeit zwischen Reichswehr und Hitlerjugend wiederaufgenommen, aber für die NSDAP war das weniger wichtig als die Tatsache, daß sie wieder uniformiert durch Deutschlands Städte und Dörfer marschieen durfte.

Die Regierung Papen ebnete der Hitlerjugend jetzt auch den Weg in den Reichsausschuß der deutschen Jugendverbände, der in der Vergangenheit mehrere Anträge der Hitlerjugend auf Aufnahme abgelehnt hatte. Aber Schirach gab sich nicht mit einfacher Mitgliedschaft zufrieden, sondern wollte den Ausschuß zu einem Instrument der Hitlerjugend machen. In seinem Aufnahmeantrag, der als angeschlossene Verbände die Hitlerjugend, den Nationalsozialistischen Studentenbund, den Nationalsozialistischen Schülerbund und den Bund Deutscher Mädchen aufzählte, sprach er

59

von 120 000 Mitgliedern, von denen 70 000 der Hitlerjugend angehören sollten. Diese Zahlen waren vermutlich übertrieben.

Der Antrag wurde angenommen. Um die Stärke der Hitlerjugend zu demonstrieren, berief Schirach einen „Reichsjugendtag der NSDAP" nach Potsdam ein – ein Treffen der gesamten deutschen Hitlerjugend. Für Schirach und die Hitlerjugend wurde dieser Reichsjugendtag ein grandioser Erfolg, obwohl die NSDAP ihn finanziell nur sehr beschränkt fördern konnte, da sie ihre Mittel für die Reichstagswahlen im November zusammenhalten mußte. Etwa 20 000 Teilnehmer waren erwartet worden, aber dann kamen fast 100 000 Mädchen und Jungen. Da lediglich 50 Großzelte bereitstanden, mußten leere Fabrikräume als Unterkünfte dienen. HJ-Gruppen aus dem ganzen Reich kamen mit Bussen oder Lastwagen, deren Miete sie später abstotterten.

Schon die Sternfahrt nach Potsdam war eine eindrucksvolle Werbekampagne. Sobald die Hitlerjungen durch einen Weiler, ein Dorf oder eine Stadt fuhren, entfalteten sie auf den Lastwagen ihre Fahnen, und die Straßen hallten wider von Trompetensignalen und geschmetterten Marschliedern. Nur wer der Bewegung aus ideologischen Gründen ablehnend gegenüberstand, konnte von der Begeisterung und dem Elan der jungen Braunhemden unbeeindruckt bleiben.

Der Reichsjugendtag begann am 1. Oktober mit einem gemeinsamen Lagerfeuerabend. Am nächsten Morgen war um fünf Uhr Wecken. Später legte Baldur von Schirach einen Kranz auf den Stufen der Garnisonskirche nieder – dem Wahrzeichen Preußens, in dem die

Särge seiner bedeutendsten Könige, Friedrich Wilhelm I. und Friedrich der Große, standen. Während die Mädchen sich auf dem großen Paradeplatz versammelten, begann der Vorbeimarsch der Jungen, der von 11 bis 18 Uhr dauerte. Hitler war unerwartet selbst erschienen, um die Parade abzunehmen. Selbst Beobachter von anderen Jugendorganisationen waren beeindruckt. „Es ist mehr als Parteijugend, was man in Potsdam aufmarschieren sah; ... der NSDAP ist es gelungen, in großem Maße bestes Blut der jungen Generation zu erfassen und mit einem heiligen Feuer des Glaubens und der Begeisterung zu erfüllen."

Hitlers Rede war der Höhepunkt des HJ-Treffens. „Der Deutsche muß es wieder lernen, sich über Stand, Konfession und Gesellschaftsklasse hinweg als einiges Volk zu fühlen", forderte er in seiner Ansprache. „Unser Volk stürzte von seiner stolzen Höhe, weil es dies alles vergaß, und ihr, meine deutschen Jungen und Mädel, sollt es in der nationalsozialistischen Bewegung wieder lernen, euch als Brüder und Schwestern einer Nation zu fühlen."

Falls die Hitlerjugend den von Hitler in Potsdam aufgestellten Grundsätzen treu bleibe, schloß der oben erwähnte Beobachter, „dann wird das Deutschland von morgen ein sozialistisches sein". Schirach sagte in seiner Rede, der einzelne Hitlerjunge „steht nicht mehr allein. Er wird Teil einer Millionengemeinschaft. Überall, wo die Fahnen der Hitlerjugend wehen, hat er seine Kameraden, seine Brüder und Schwestern, die in einem Glauben gebunden, in einer Weltanschauung geeint, in einer Organisation zusammengefügt sind. Es ist ein herrliches und wunderbares Erlebnis, dessen deutsche Jugend teilhaftig wird."

Die psychologische Wirkung eines Massentreffens dieser Art kann nicht genügend unterstrichen werden. Kleine Gruppen von Hitlerjungen, die in teilweiser Isolation in Arbeitervierteln lebten und sich mit feindselig eingestellten Eltern, Lehrern oder Arbeitskollegen auseinandersetzen mußten, erlebten plötzlich das Bewußtsein, Teil eines großen Ganzen zu sein, und wußten nun, daß es außer ihnen noch Zehntausende von anderen in Deutschland gab, die für dieselbe Sache kämpften.

Die Teilnehmer des Reichsjugendtags kehrten zwar hungrig und müde, aber voller Begeisterung und Zuversicht in ihre Dörfer und Städte zurück. Einer von ihnen holte sich auf einem offenen Wagen eine Lungenentzündung, an der er starb. An seinem Grab kam es zu Schlägereien mit politischen Gegnern und Polizeibeamten.

Den Einfluß der Hitlerjugend auf die deutsche Jugend der damaligen Zeit abzuschätzen, dürfte schwierig, wenn nicht gar unmöglich sein. Vor dem 30. Januar 1933 gelang es der Organisation jedenfalls nicht, politisch orientierte Jugendverbände zum Übertritt zu bewegen. Im Reichsausschuß der deutschen Jugendverbände vertrat die Hitlerjugend nur ein Prozent aller organisierten Jugendlichen, aber ihr indirekter Einfluß war stark genug, um viele der anderen Jugendverbände zur Nachahmung des Stils und der Parolen der Hitlerjugend zu veranlassen.

Die schwierigen Jahre zwischen 1926 und 1933 sind

von Sir Winston Churchill treffend charakterisiert worden, als er schrieb: „Man kann die Geschichte dieses Kampfes nicht ohne Bewunderung für den Mut, die Hartnäckigkeit und Vitalität lesen, die es (Hitler) möglich machten, allen Behörden oder Widerständen, die sich ihm in den Weg stellten, zu trotzen, sie herauszufordern, zu versöhnen oder zu überwinden. Er und die ständig wachsenden Legionen, die mit ihm zusammenarbeiteten, bewiesen in dieser Phase mit ihrem patriotischen Eifer und ihrer Vaterlandsliebe, daß es nichts gab, was sie nicht zu wagen oder zu tun bereit waren, kein Opfer an Leben, Gesundheit und Freiheit, das sie nicht selbst bringen oder ihren Gegnern zumuten würden."

Andererseits ist es äußerst zweifelhaft, ob die Mehrheit der HJ-Mitglieder sich von klaren ideologischen Begriffen leiten ließ. In seiner brillanten Untersuchung „The Nazi Seizure of Power" zitiert W. S. Allen einen ehemaligen Hitlerjungen, dessen Aussage vermutlich für viele, wenn nicht sogar die meisten seiner Kameraden bezeichnend ist: „Weder mein Vater noch irgendwer sonst hat mich dazu gedrängt, in die Hitlerjugend einzutreten. Ich hatte mich selbst dazu entschieden, weil ich einfach in einem Jungenverein sein wollte, wo ich ein nationalsozialistisches Ideal verfolgen konnte. In der Hitlerjugend gab es Zeltwanderungen und Gruppentreffen. Ich war Nummer neun in der Thalburg-Gruppe, als ich 1930 eintrat. Wir stammten aus allen Bevölkerungsschichten, die meisten allerdings aus Kleinbürger- und Arbeiterkreisen. Soziale oder Klassenunterschiede wurden nicht gemacht, und das gefiel mir sehr. Eine direkte oder offenbare politische Schulung kam erst

63

später – als Hilter an der Macht war. Die Hitlerjugend von Thalburg wuchs rasch an, ohne sich wirklich um neue Mitglieder zu bemühen. Ich glaube, die meisten Jungen traten aus denselben Gründen ein wie ich. Sie suchten einen Ort, wo sie andere Jungen treffen und gemeinsam aufregende Dinge tun konnten. Denn es war ja die Arbeitslosenzeit, und da gab es eine Menge übler Einflüsse ringsum, denen anständige Jungen aus dem Weg gehen wollten. Jedenfalls glaube ich nicht, daß der politische Faktor für den Beitritt der meisten ausschlaggebend war. Wir marschierten natürlich in Umzügen und haßten die SPD, aber das war ganz allgemein und nichts Besonderes – es gehörte einfach dazu. Wir waren uns unserer Taten nie so recht bewußt, aber wir hatten unseren Spaß und kamen uns auch wichtig vor."

Wie wir noch sehen werden, waren das Streben nach einem nationalistischen Ideal, das nicht unbedingt auf Hitlers „Mein Kampf" basieren mußte, und das neue Gefühl, wichtig zu sein, zwei Elemente, die HJ-Mitgliedern, die vor 1933 oder nach 1939 eintraten, gemeinsam waren. Beide Gruppen lebten im Bewußtsein eines nationalen Notstands, der durch die Folgen des Versailler Vertrags und die Wirtschaftskrise sowie später durch die Tatsache, daß Deutschland sich im Krieg befand, ausgelöst worden war. Die NSDAP gab den Jugendlichen das Gefühl, aktiv an dem Kampf zur Wiederherstellung von Deutschlands Ehre und seiner Stellung in der Welt teilzunehmen.

Nur wenige der Hitlerjungen, die am Abend des 30. Januar 1933 an dem soeben zum Reichskanzler ernannten Hitler vorbeimarschierten, konnten ahnen, wohin

Hauptmann Franz Felix Pfeffer von Salomon: Der oberste SA-Führer (links neben Hitler, 1927 bei einem Treffen in Nürnberg) verlangte, daß die Hitlerjugend dem SA-Befehl unterstellt werde – und Hitler fand sich dazu bereit.

und Heines: Der einstige :orps-Mann löste Gustav Lenk ab, ür Hitler die Jugend sammelte.

Edwin von Stülpnagel: Der Reichswehr-General bildete national-sozialistische Jugendvereinigungen paramilitärisch aus.

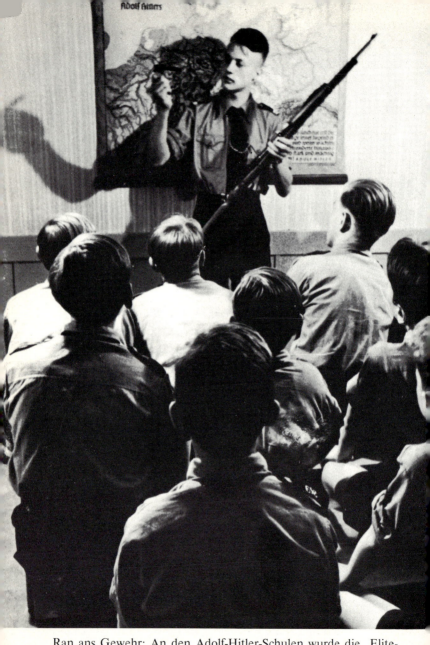

Ran ans Gewehr: An den Adolf-Hitler-Schulen wurde die „Elite-Jugend" zuerst theoretisch und später praktisch im Umgang mit dem Gewehr unterwiesen.

Alles wurde organisiert, alles kommandiert: Mitglieder des Bundes Deutscher Mädchen erwarten den Reichsjugendführer Baldur von Schirach.

Denn sie wissen nicht, was sie tun: Staunende Hitlerjungen vor den Vernichtungswaffen des Dritten Reiches.

Beisetzung von Herbert Norkus: Der Hitlerjunge, von Kommunisten in Berlin 1932 ermordet, diente als Propagandafigur für den Film „Hitlerjunge Quex".

Erziehung zur Ausdauer: Aus den Wandervögeln von einst wurden stramme Marschierer „im gleichen Schritt und Tritt".

ihre nationalistischen Ideale und ihre Gefühle, auch wichtig zu sein, sie in zwölf kurzen Jahren hinführen würde. Die wenigsten konnte auch nur ahnen, wie sehr und zu welchen Zwecken ihr Idealismus und ihre Opferbereitschaft ausgenützt werden würden.

Die Fackelzüge am 30. Januar 1933, die den Beginn der „nationalen Erneuerung" Deutschlands bezeichneten, schienen zumindest den jüngeren Deutschen zu beweisen, daß die junge Generation sich endlich durchgesetzt hatte. Keine der alten Parteien war bereit gewesen, sich zu erheben und für die Republik zu kämpfen; ihr Verschwinden war symptomatisch für ihre Anfänge. Das Gefühl einer nationalen Wiedergeburt breitete sich sogar über die Grenzen Deutschlands hinweg aus, wo fast über Nacht volksdeutsche Hitleranhänger in „vaterländischen Vereinigungen" vom Baltikum bis Siebenbürgen die Zügel ergriffen.

Der neue Geist beeinflußte sogar Gruppen der Menschen, die schließlich zu den tragischsten Opfern des Nationalsozialismus werden sollten: die deutschen Juden. Deutsche Studenten jüdischer Abstammung wandten sich an Hitler und versuchten, ihn von ihrer aufrichtigen Vaterlandsliebe zu überzeugen. Als der liberale Politiker Theodor Heuss Ende Februar 1933 von einer Versammlung zurückkehrte, auf der er vor deutsch-jüdischen Studenten gesprochen hatte, hielt er in seinem Tagebuch den enttäuschten Eindruck fest, „vor verhinderten Nazis" gesprochen zu haben.

Obwohl die Regierung Hitler ursprünglich eine Koalitionsregierung war, hatte er nach der Verabschiedung des Ermächtigungsgesetzes im März 1933 völlig freie

Bahn, was die Führungsspitze der Hitlerjugend ebenso ausnützte wie jede andere Parteigliederung. Da nunmehr die gesamte Staatsgewalt hinter ihr stand, konnte die Hitlerjugend jetzt daran gehen, eine Monopolstellung aufzubauen: Sie konnte auch auf dem Gebiet der Jugendarbeit die sogenannte „Gleichschaltung" einleiten, das heißt alle anderen Jugendbewegungen in sich aufnehmen und jegliche Jugendarbeit außerhalb der Hitlerjugend zu untersagen.

Am 5. April 1933 ließ Schirach das Büro des Reichsausschusses der deutschen Jugendverbände besetzen. Die etwa 50 für dieses Unternehmen ausgesuchten Hitlerjungen drangen gewaltsam in die Geschäftsräume in der Berliner Alsenstraße ein, trafen aber keines der ehrenamtlichen Vorstandsmitglieder an.

Hermann Maaß, der Geschäftsführer des Ausschusses, der aus der sozialdemokratischen Arbeiterjugend kam, wurde aus einem anderen Teil Berlins gerufen, mußte sich von Obergebietsführer Karl Nabersberg, dem Führer der Besetzungsaktion, übel beschimpfen lassen und wurde aufgefordert, seine Sachen zu packen und zu verschwinden. Unterdessen hatten die Hitlerjungen die Büroräume durchsucht. Einer von ihnen sollte die Büroangestellten bewachen, war aber noch nicht an seine neue Autorität gewöhnt und fragte eine der Angestellten höflich, ob er sein Butterbrotpapier in ihren Papierkorb werfen dürfe.

Maaß räumte sein Büro, ohne mehr als verbalen Widerstand zu leisten, und Nabersberg forderte die Angestellten auf, unter seiner Leitung weiterzuarbeiten. Damit kontrollierte Schirach nun eine Vereinigung, der etwa sechs Millionen junge Deutsche in den verschiedensten Jugendorganisationen angehörten. In den Akten des Reichsausschusses fand sich eine Unmenge von Material, das zur Verfolgung der Gegner der Hitlerjugend dienen konnte. Damit war der erste Schritt zur Gleichschaltung getan.

Der Reichstagsbrand vom Februar 1933 hatte bereits den Vorwand für ein Verbot der KPD und aller ihr angeschlossenen Organisationen geliefert.

Am Abend des Reichstagsbrandes hatten sich die Führer radikaler Jugendverbände – darunter auch Vertreter der Hitlerjugend – in Berlin in einem Restaurant am Stettiner Bahnhof versammelt. Sie waren sich offenbar über ihre gemeinsamen sozialrevolutionären Ziele einig, denn die etwa 200 jungen Männer, die den radikalen Flügel der Hitlerjugend, die Jungsozialisten, Jungkommunisten, Roten Pfadfinder, Nationalrevolutionäre und Otto Strassers Schwarze Front vertraten, vereinbarten für die Zukunft fruchtbare Zusammenarbeit.

Zu den Anwesenden gehörten Heinz Gruber, eine führende Persönlichkeit in der Berliner Hitlerjugend, und Harro Schulze-Boysen, der spätere Chef der kommunistischen Spionageorganisation „Rote Kapelle". Viele von ihnen begannen die NSDAP in einem anderen Licht zu sehen – als eine lawinenartige Bewegung, die die Schranken zwischen Bürgertum und Proletariat niederreißen würde.

Ein ehemals erbitterter Gegner der Hitlerjugend schrieb in einer Zeitschrift: „Die Schützengraben von rechts gegen links und von links gegen rechts sind falsche

Schützengräben, Kameraden. Es war ein verderbliches Wort, das aus dem Munde eines Zentrumskanzlers einmal fiel: Der Feind steht rechts! Und es ist in diesen Tagen genauso verderblich das andere Wort: Der Feind steht links! ... Wir wenden uns gegen jede Zerreißung der Nation, gleichgültig, ob sie von ‚rechts' oder von ‚links' kommt. Und wir wollen, daß gegen jede fremdvölkische Überfremdung unseres Volkes – nicht allein gegen den ‚Marxismus' vorgegangen wird.'"

Verständlicherweise waren die plötzlichen Annäherungsversuche der gemäßigten Linksparteien bei der Hitlerjugend auf die veränderten Umstände und die Angst vor einem Verbot ihrer eigenen Jugendorganisationen zurückzuführen. Es gab aber auch viele Befürworter einer Zusammenarbeit, durch die gemeinsame Ziele erreicht werden sollten.

Der Reichstagsbrand trug allerdings entscheidend dazu bei, solche Annäherungsversuche schon im Keim zu ersticken. Neben den Kommunisten war die Sozialistische Arbeiterjugend der SPD am meisten gefährdet. In einigen Städten griffen HJ-Gruppen den Ereignissen vor oder beschworen sie sogar erst herauf, indem sie Büros der Sozialistischen Arbeiterjugend stürmten und die dort lagernden Akten abtransportierten. Obwohl solche Überfälle durch das Eingreifen der Polizei zunächst unterbunden wurden, benützten NSDAP-Ortsgruppenleiter sie als Vorwand, um die Schließung der Geschäftsstellen ihrer politischen Gegner zu fordern.

Die Jugendorganisationen Hitlers deutschnationaler Koalitionspartner versuchten anfangs, eine gemeinsame Front zu bilden, indem sie den von Admiral von Trotha geführten „Großdeutschen Bund" gründeten. Trotha, der vor einiger Zeit aus der deutschen Kriegsmarine ausgeschieden war, besaß noch wertvolle Verbindungen zur Reichswehr, wo er von General Edwin von Stülpnagel, der für die Unterstützung der paramilitärischen Ausbildung rechtsstehender Jugendverbände durch die Reichswehr zuständig war, besonders gefördert wurde. Der Großdeutsche Bund schloß ausdrücklich Juden, Sozialisten und „Demokraten" von der Mitgliedschaft aus. Er veröffentlichte einen Aufruf, in dem Hitler und dem nationalsozialistischen Staat die Treue gelobt wurde, und erweckte für kurze Zeit den Eindruck, die Hitlerjugend rechts überholen zu können.

Die Wahlen im März 1933 und das Ermächtigungsgesetz verwandelten Hitlers Koalitionsregierung rasch in eine persönliche Diktatur, und Hitlers Minister nahmen die Warnsignale frühzeitig wahr. Sie traten in die NSDAP ein und unternahmen die nötigen Schritte, um ihre paramilitärischen Organisationen und Jugendverbände in die entsprechenden NS-Gliederungen zu überführen. Das bedeutete im Grunde genommen das Ende des Großdeutschen Bundes, obwohl er noch einige Monate lang geduldet wurde. Mit der Kontrolle über den Reichsausschuß der deutschen Jugendverbände hatte die Hitlerjugend die gesamte organisierte Jugend Deutschlands in der Hand, und die jungen Menschen, die die Zeichen der Zeit ebenfalls richtig zu deuten wußten, schlossen sich ihr an.

In Trothas Großdeutschem Bund wurde der Vorschlag laut, man solle *en bloc* in die Hitlerjugend übertreten, aber Schirach und Hitler widersetzten sich diesem

69

Angebot aus taktischen Erwägungen, denn es hätte bedeutet, daß alle bisher nicht nationalsozialistischen Verbände gemeinsam mit ihren Führern eingetreten wären, wodurch eine mögliche Opposition innerhalb der Hitlerjugend entstanden wäre. Zu Pfingsten 1933 hielt der Bund sein letztes Lagertreffen ab, um schon am Pfingstmontag von Polizisten und SA-Männern nach Hause geschickt zu werden.

Einen Monat später löste der Großdeutsche Bund sich offiziell auf – allerdings unter Protest Trothas, der sich in dieser Angelegenheit sogar an Reichspräsident von Hindenburg wandte. Allerdings blieb der Protest wirkungslos, und selbst der Admiral fand sich schließlich mit den Tatsachen ab, indem er später von Schirach die Ernennung zum „Ehrenführer der Marine-HJ" annahm.

Auch der Reichsausschuß der deutschen Jugendverbände hatte seinen Zweck erfüllt und wurde am 8. Juli 1933 aufgelöst. Eine Woche zuvor hatte Schirach neue Bestimmungen für die Regionalstruktur der Hitlerjugend sowie eine Unterteilung nach Altersgruppen bekanntgegeben, die bis 1945 in Kraft blieb:

Jungen:	Jungvolk	(10–14 Jahre)
	HJ	(14–18 Jahre)
Mädchen:	Jungmädchen	(10–14 Jahre)
	BDM	(14–18 Jahre)

Nach Auflösung des Reichsausschusses der deutschen Jugendverbände war der Reichsjugendführer jetzt praktisch Alleinherrscher über die staatlich kontrollierten Jugendverbände. Die Parteijugend befand sich in einer Übergangsphase zur Staatsjugend, denn Schirachs Funktion und Stellung waren halb die eines Parteifunktionärs, halb die eines Staatsbeamten. Durch einen Erlaß Hitlers vom 17. Juni 1933 war Schirachs Amtsbezeichnung von „Reichsjugendführer der NSDAP" in „Jugendführer des Deutschen Reiches" oder einfach Deutscher Jugendführer umgeändert worden. Trotzdem war er nicht die einzige Autorität in Jugendangelegenheiten. Innenministerium, Justizministerium und das neue Ministerium für Wissenschaft, Erziehung und Volksbildung waren alle an jugendpolitischen Entscheidungen beteiligt, was zu auswuchernden Zuständigkeiten führte. Die einzige diesem System innewohnende Gewißheit war ein ständiger Konflikt unterschiedlicher Temperamente und Autoritäten, die die Machtposition des stärksten Einzelelements untermauerte: Adolf Hitler.

Während die Gleichschaltung oder Unterdrückung der parteigebundenen oder unabhängigen Jugendverbände verhältnismäßig einfach gewesen war, schienen die katholischen und evangelischen Jugendorganisationen ein auf den ersten Blick schwieriges Problem darzustellen. Auch hier waren die evangelischen Jugendverbände am leichtesten zum Übertritt zu gewinnen. Die Aufforderung war einfach und wirkungsvoll, und das Ergebnis entsprach den Erwartungen der neuen Machthaber.

„Eine neue Stunde deutscher Geschichte schlägt!"

jubelte beispielsweise Erich Stange, einer der prominentesten evangelischen Jugendführer. „Hart am Abgrund des Bolschewismus wurde Deutschlands Schicksal noch einmal zurückgerissen. Eine starke Staatsführung ruft alle Deutschen zu letzter Verantwortung. Die gottgesetzten Grundlagen von Heimat, Volk und Staat werden wieder neu erkannt. Das Volk steht auf. Eine Bewegung bricht sich Bahn, die eine Überbrückung der Klassen, Stände und Stammesgegensätze verheißt.

In dieser Stunde soll die evangelische Jugend Deutschlands wissen, daß ihre Führerschaft ein freudiges Ja zum Aufbruch der deutschen Nation sagt. Die Erkenntnis, daß es um eine Erneuerung der Lebensgrundlage allen Volkstums geht, trifft das Evangelische Jugendwerk im Herzstück seiner geschichtlichen Sendung und ruft es zum Einsatz von Gut und Blut. Evangelische Jugend weiß, daß in dieser Stunde die lebendigen Kräfte des Evangeliums allein Rettung und Erneuerung aus Verfall und Untergang bringen. So treten wir als evangelische Jugend erneut unter Gottes Befehlsgewalt und Verheißung. Der Heilige Geist richtet Zersetzung und Zerfall in Sitte, Beruf, Familie und Staat. Darum kann die Haltung der jungen evangelischen Front in diesen Tagen keine andere sein als die einer leidenschaftlichen Teilnahme an dem Schicksal unseres Volkes und zugleich eine radikale Entschlossenheit, wie sie das Wort Gottes fordert."

In der katholischen Jugendbewegung nahm die Entwicklung einen etwas anderen Gang. In seiner Regierungserklärung am 23. März 1933 hatte Hitler den christlichen Kirchen seine Unterstützung zugesichert und betont, die Reichsregierung werde die von einzelnen deutschen Ländern mit dem Vatikan geschlossenen Konkordate respektieren.

Außerdem wurde bald bekannt, daß Vizekanzler von Papen nach Rom entsandt worden war, um Verhandlungen über ein neues Reichskonkordat zu führen. Diese Vereinbarung wurde auch abgeschlossen, und was Hitler nicht direkt hatte durchsetzen können, erreichte er auf indirektem Weg. Der katholische Episkopat entzog der Zentrumspartei seine traditionelle politische Unterstützung. Aber die bedingungslose Verehrung, die Hitler von evangelischen Jugendverbänden entgegengebracht wurde, hatte er von den meisten Katholiken nicht zu erwarten. Ihre Jugendverbände empfanden die Bedrohung durch die Hitlerjugend wie die meisten anderen noch nicht gleichgeschalteten Organisationen, aber sie glaubten, mit dem Konkordat eine neue Lebensgrundlage bekommen zu haben, die ihre Bischöfe wachsam verteidigten.

Allerdings hatten Katholiken und Nationalsozialisten – wir dürfen nicht vergessen, daß viele NSDAP-Mitglieder gläubige Katholiken waren – außer der Ablehnung des Versailler Vertrags und dem Wunsch nach einem Großdeutschland vieles gemeinsam. Beide verabscheuten die Gespaltenheit des Weimarer „Parteienstaats", lehnten die Prinzipien des Liberalismus ab und glaubten an einen „organisch gewachsenen" deutschen National-staat auf der Grundlage eines Ständestaats.

Im Spätsommer 1933 waren sämtliche Jugendorganisationen mit Ausnahme der kirchlichen Jugendverbände zwangsweise in die Hitlerjugend eingegliedert oder „gleichgeschaltet". Damit war Hitlers erstes Ziel erreicht. Die kommunistischen und sozialdemokratischen Jugendgruppen waren aufgelöst und verboten worden. Alle übrigen Organisationen hatten sich freiwillig aufgelöst oder waren in die Hitlerjugend übergetreten.

Aber die Hitlerjugend war auch von innerparteilichen Rivalitäten betroffen. Der Reichssportführer Hans von Tschammer und Osten bemühte sich, die organisierte Sportjugend unter seiner Kontrolle zu behalten und Schirachs Einfluß möglichst zu entziehen. Dr. Robert Ley, der Führer der Deutschen Arbeitsfront, dem NSDAP-Ersatz für die aufgelösten Gewerkschaften, verfolgte ähnliche Absichten mit den in einer Berufsausbildung stehenden Jugendlichen, die ja in die DAF eintreten mußten, sobald sie zu arbeiten begannen. Diese beiden Rivalitäten dauerten bis 1936 an, bis Schirach sich endlich durchsetzen konnte, aber sie blieben nicht die einzigen.

Die 1935 in Wehrmacht umbenannte Reichswehr bemühte sich um einen kontrollierenden Einfluß auf die Hitlerjugend, den Hitler ihr sogar zugestehen wollte – allerdings hauptsächlich zur Beschwichtigung konservativer Kräfte. In den beiden letzten Jahren vor dem Krieg – und in verstärktem Maße und erfolgreicher während des Krieges – machte die SS, vor allem die später als Waffen-SS bekannte SS-Verfügungstruppe, dann der Wehrmacht Konkurrenz.

Angesichts dieser Rivalitäten schien der Umgang mit konfessionellen Jugendverbänden ein rascher lösbares Problem zu sein. Auch diesmal ergriffen HJ-Gebietsführer aus eigener Machtvollkommenheit die Initiative und untersagten durch Verordnungen alle Vesammlungen von Jugendlichen, die nicht in der Hitlerjugend waren. Diese Übergriffe waren so häufig, daß Schirach gezwungen war, am 5. Juli 1933 folgende Anordnung zu erlassen:

„Ich untersage hiermit jede Belästigung von Angehörigen anderer Jugendbünde durch Mitglieder der Hitler-Jugend. Wenn durch das Verhalten von Angehörigen deutscher Jugendverbände Anlaß zu Klagen gegeben wird, ist auf dem Dienstwege an mich zu berichten. Soweit die Klagen ein Einschreiten notwendig machen, werde ich bei den zuständigen staatlichen Stellen das Notwendige veranlassen. Einzelaktionen werden bestraft."

Um ihre Selbständigkeit zu wahren, waren verschiedene evangelische Jugendverbände bereit, auf örtlicher und regionaler Ebene mit der Hitlerjugend zusammenzuarbeiten und an Kundgebungen und Führerversammlungen teilzunehmen. Aber die auf diese Weise geschlagene Brücke ließ nur einen Einbahnverkehr in Richtung Hitlerjugend zu. Außerdem sah die Gefolgschaft sich bald von ihren eigenen Führern verraten, als diese die Unterstellung der evangelischen Jugendbewegungen unter den Reichsbischof Ludwig Müller anerkannten.

Müller war im Ersten Weltkrieg Divisionspfarrer an den Dardanellen gewesen und hatte danach den Wehrbezirk Ostpreußen betreut. Er gehörte zu den frühen Anhängern Hitlers und hatte den damaligen Oberst von Reichenau und durch ihn Reichenaus Vorgesetzten, General von Blomberg, zu Nationalsozialisten bekehrt. Beide hatten Hitler in Müllers Haus kennengelernt.

Nach dem 30. Januar 1933 ernannte Hitler Müller zum „Beauftragten des Kanzlers für Fragen der Evangelischen Kirche" und hoffte, durch ihn eine „Deutsche Kirche für deutsche Christen" schaffen zu können.

Müller war natürlich ein eifriger Verfechter des Zusammengehens der evangelischen Jugendverbände mit der Hitlerjugend, aber er stieß bei Kollegen wie Pastor Martin Niemöller, einem ehemaligen U-Boot-Kommandanten, auf Widerstand und hatte vor allem viele der evangelischen Jugendführer gegen sich. Allerdings konnte Müller sich auf das Beispiel der Evangelischen Jugend Danzigs berufen, die aus eigener Initiative zur Hitlerjugend übergetreten war.

Die innerlich gespaltene evangelische Kirche mußte sich schließlich dem gemeinsamen Druck von NSDAP und Hitlerjugend beugen: Am 19. Dezember 1933 wurde ein Abkommen unterzeichnet, mit dem die evangelischen Jugendbünde sich der einheitlichen politischen Schulung durch den nationalsozialistischen Staat und die HJ unterstellten. Alle Mitglieder unter 18 Jahren mußten in die Hitlerjugend und ihre Untergliederungen eintreten. Als einziges Zugeständnis an die Kirche sollten zwei Nachmittage in der Woche für kirchliche Jugendarbeit freigehalten werden, aber dieses Zugeständnis wurde rasch entwertet, denn die Hitlerjugend beanspruchte die gesamte Freizeit der Jungen und Mädchen, so daß der Religionsunterricht sich auf die Unterweisung im Elternhaus und die eine Wochenstunde Pflichtunterricht in der Schule beschränkte. Das Abkommen löste eine Protestwelle aus, aber die Protestierenden konnten nichts mehr daran ändern.

Das am 20. Juli 1933 zwischen dem Vatikan und dem Deutschen Reich geschlossene Reichskonkordat verschaffte den katholischen Jugendorganisationen eine etwas längere Atempause. Aber eine seiner Bestimmungen enthielt ein Schlupfloch, das die NSDAP bald ausnützte. Artikel 31 bestimmte, daß alle katholischen Organisationen und Verbände, die ausschließlich religiöse oder kulturelle Ziele verfolgten, den vollen Schutz ihrer Einrichtungen und Tätigkeiten genießen sollten. Aber danach folgte eine einschränkende Klausel, daß die Festlegung der Organisationen und Verbände, für die Artikel 31 gelten solle, durch Verhandlungen zwischen Reichsregierung und deutscher Bischofskonferenz zu erfolgen habe.

Die Verhandlungen zwischen Partei- und HJ-Führern einerseits und katholischen Bischöfen andererseits zogen sich jahrelang hin, ohne daß über diesen Punkt Einigkeit erzielt worden wäre, und beide Seiten warfen sich gegenseitig vor, das Konkordat zu veletzen. Natürlich steht außer Zweifel, daß der NS-Staat, der entschlossen war, der einzige Erzieher seiner Jugend zu sein, es darauf anlegte, das Konkordat zu brechen, noch ehe es unterzeichnet war. Die Defensivposition der katholischen Kirche war nur deshalb stärker als die der evangelischen, weil sie eine universelle Organisation mit ausgeprägt hierarchischer Struktur war, die nicht zuließ, daß intern geäußerte abweichende Meinungen ihre nach außen vertretenen Auffassungen beeinflußten.

Kardinal Bertram, der katholische Oberhirte von Breslau, stellt die Frage: „Welche Funktionen könnten die katholische Kirche und ihre Jugendorganisa-

tionen an den nationalsozialistischen Staat abtreten?"
Seine Schlußfolgerungen waren im wesentlichen negativ:
Wandern, Sport und ähnliche körperliche Betätigungen
als moderne Erziehungsmittel seien, so erklärte er, für
das praktische Christentum ebenso wichtig wie das
Rosenkranzbeten und andere rein religiöse Betätigungen. So waren Konflikte vorprogrammiert.

Der antiklerikale Flügel der NSDAP wurde von
Alfred Rosenberg, Julius Streicher und zahlreichen
Gauleitern wie Adolf Wagner aus Oberbayern angeführt, der im Christentum im allgemeinen und im
Katholizismus im besonderen nur eine weitere jüdische
Verschwörung gegen das deutsche Volk sah und die
Jesuiten für das gefährlichste Werkzeug dieser Verschwörung hielt. Auf rein juristischer Ebene wurde der
Kampf von den Nazis mit ständig neuen Vorwänden
geführt. Katholische Zeitschriften mußten ihr Erscheinen einstellen, weil sie angeblich subversive Artikel
gebracht hatten. Jugendbünde wurden wegen angeblicher Verstöße gegen Devisenkontrollgesetze aufgelöst.
Die öffentlichen Kundgebungen der Katholischen
Jugend wurden verboten, und als ein Hitlerjunge Selbstmord verübte, wurde in einer Pressekampagne behauptet, er sei durch eine katholische Verschwörung zu dieser
Verzweiflungstat getrieben worden.

Wie viele ihrer evangelischen Kameraden gaben manche katholischen Jugendführer sich anfangs der Illusion
hin, diese Verfolgung sei lediglich auf ein ernstes
Mißverständnis zurückzuführen, das durch eine Zusammenarbeit mit der Hitlerjugend unschwer auszuräumen
sei. Aber dazu gab es nie eine ernsthafte Chance. Es kam

zu keinem Abkommen wie zwischen Hitlerjugend und evangelischer Kirche, und das 1936 verkündete Gesetz über eine HJ-Dienstpflicht bedeutete praktisch auch das Ende aller katholischen Jugendverbände.

Das Jahr 1933 hatte der Hitlerjugend einen starken Mitgliederzuwachs gebracht, der jedoch den gravierenden Mangel an Führungskräften deutlich machte, unter dem die HJ angesichts dieser Mitgliederschwemme litt. Dadurch gelangten viele Jugendführer aus anderen, inzwischen aufgelösten Organisationen in Führungspositionen, wie Schirach befürchtet hatte. Beispielsweise wurden in Hessen mehrere Fälle bekannt, in denen ehemalige Gewerkschaftler und Sozialdemokraten, die – zumindest an der Oberfläche – HJ-Führer geworden waren, es verstanden hatten, die Jugendgruppen zusammenzuhalten, die sie vor 1933 geführt hatten.

Um an nationalsozialistischen Prinzipien orientierte Jugendführer in ausreichender Anzahl heranzubilden, wurde 1933 in Potsdam eine Reichsführerschule eingerichtet, der bald weitere in verschiedenen deutschen Gauen folgten. Schirach, der innerhalb der NSDAP in zahlreiche Intrigen und Machtkämpfe verstrickt war, wußte nur allzu gut, daß seine Konkurrenten alle Mängel der ihm unterstehenden Organisation ausschlachten würden, und war sich darüber im klaren, daß die Hitlerjugend nur so gut sein konnte wie ihre Führerschaft. Ab 1934 gab er beim Neujahrsappell der Hitlerjugend eine sogenannte Jahresparole bekannt; diese Parolen wurden bis 1944 ausgegeben und standen als Motto über dem jeweiligen Jahr.

1934 war das „Jahr der Schulung“, in dem massenhaft

HJ-Führer herangebildet werden sollten. Es sollte ihnen „fundierte geschichtliche, politische und rassenkundliche Kenntnisse sowie weitgehende körperliche Ausbildung vermitteln". Schirach betonte ausdrücklich: „Die HJ ist eine weltanschauliche Erziehungsgemeinschaft. Wer in der HJ marschiert, ist keine Nummer unter Millionen, sondern Soldat einer Idee. Je nachdem er mehr oder weniger tief in die Idee eingedrungen ist, ist sein Wert für die Gemeinschaft zu bemessen. Der beste Hitlerjunge ist – unabhängig von Rang und Dienststellung – derjenige, der ganz in der nationalsozialistischen Weltanschauung aufgeht."

Am 24. Januar 1934, dem Geburtstag Friedrichs des Großen und dem Todestag von Herbert Norkus, fand in Potsdam eine Großkundgebung statt, auf der 342 Fahnen feierlich an HJ-Gruppen überreicht wurden. Ende Februar hatte Schirach sich wieder mit Ley arrangiert und rief gemeinsam mit dem DAF-Führer zum „Reichsberufswettkampf" auf, bei dem die Bestleistungen von Hitlerjungen in ihren jeweiligen Berufen bewertet und prämiert wurden. Die Spartensieger wurden von Hitler persönlich empfangen. Das Jahr wurde immer mehr durch nationalsozialistische Feiertage untergliedert: Ab 30. Juli 1931 war der Samstag jeder Woche als „Staatsjugendtag" dem HJ-Dienst vorbehalten. Für Hitlerjungen, die noch Schüler waren, fiel an diesem Tag der Unterricht aus, damit sie mehr Zeit für Sport und Wehrsportübungen hatten. Letztere fanden in den ersten Jahren häufig mit Schreckschußpistolen und Tränengas-Handgranaten statt.

Für die Mädchen wurden im ersten Halbjahr 1934 27

Führerinnenschulen eingerichtet, von denen die meisten jedoch den Stempel der Improvisation trugen. Ähnliches galt natürlich auch für die Führerschulen der Jungen. Trotzdem konnte Schirach im August 1934 einen amtlichen Bericht vorlegen, wonach er in 287 Dreiwochenkursen 12 727 HJ-Führer und 24 660 Jungvolk-Führer ausgebildet habe. 15 000 HJ-Führer hatten besondere Sportkurse absolviert. Für viele der Jugendlichen, die in Leni Riefenstahls Parteitagsfilm „Triumph des Willens" zu sehen waren, war es ein stolzer Tag, als Hitler – von Schirach und Goebbels flankiert – sich auf dem Nürnberger Parteitag 1934 an die Hitlerjugend wandte und sie als „Garant der Zukunft Deutschlands" bezeichnete. Zu diesem Zeitpunkt hatte Schirach dank Hitlers Unterstützung sein ursprüngliches Ziel schon fast erreicht: Mit Ausnahme der katholischen Jugendbünde waren alle deutschen Jugendorganisationen „gleichgeschaltet".

Die Hitlerjugend erhielt eine eigene Sendezeit: In der „Stunde der jungen Nation" strahlten alle Sender mittwochs einen HJ-Heimabend aus, und ein HJ-Institut übernahm die Ausbildung von Rundfunksprechern. In Deutschland trugen die Schüler höherer Schulen damals noch Schülermützen, die einen gewissen Klassenunterschied bezeichneten. Die Hitlerjugend forderte in einer ihrer ersten Rundfunksendungen zur Abschaffung der Schülermützen auf, die dann in allen deutschen Städten öffentlich verbrannt wurden. Lehrer, die als Verfechter des neuen „klassenlosen" Staats galten, wurden öffentlich geehrt, und Schulen, in denen 90 Prozent der Schüler bei der Hitlerjugend waren, bekamen eine HJ-Fahne verliehen.

Der sogenannte Röhm-Putsch am 30. Juni 1934 wirkte sich für die Hitlerjugend günstig aus. Bis zu diesem Zeitpunkt war sie *de jure* stets der SA unterstellt gewesen. Danach erlangte sie – wie auch die SS – *de facto* ihre Selbständigkeit. Am 9. November 1934, dem Jahrestag des Münchner Putsches, an dem die 18jährigen normalerweise in die SA übernommen worden wären, fand keine Übernahmezeremonie statt, sondern die jungen Männer wurden in die NSDAP aufgenommen. Am 29. März 1935 wurde dieses neue Verfahren nachträglich durch einen Erlaß legalisiert, der die HJ neben SA, SS und anderen Organisationen als selbständige NSDAP-Gliederung aufführte.

Im Jahre 1934 wurde auch der HJ-Streifendienst eingeführt – eine Art Hitlerjugend-Polizei, die für „Recht und Ordnung" innerhalb der Hitlerjugend zu sorgen und etwa auftretende Widerstände im Keim zu ersticken hatte. Der HJ-Streifendienst arbeitete eng mit SS und Gestapo zusammen.

Diese Zusammenarbeit wurde vier Jahre später durch eine Vereinbarung zwischen Schirach und Himmler offiziell bestätigt, wobei Funktion und Verantwortlichkeiten des Streifendienstes innerhalb der Hitlerjugend mit Funktion und Verantwortlichkeiten der SS innerhalb des Deutschen Reiches gleichgesetzt wurden. Außerdem sollte der Streifendienst als besonderes Reservoir für SS-Freiwillige dienen, vor allem für die SS-Totenkopfverbände (das Wachpersonal der Konzentrationslager) und die Junkerschulen für zukünftige SS-Offiziere. Der streng vertrauliche „Informationsdienst", ein Nachrichtenblatt, das in den Vorkriegsjahren für höhere HJ-

Führer herausgegeben wurde, ließ erkennen, daß der Streifendienst ein äußerst wirkungsvolles Instrument zur Entdeckung von Widerstandsbewegungen innerhalb der Hitlerjugend war – und daß es trotz aller Unterdrückung und Gleichschaltung innerhalb der Hitlerjugend immer wieder Widerstand gegen die offizielle Parteipolitik gab.

Nachdem 1935 das „Jahr der Ertüchtigung" gewesen war, folgte 1936 das „Jahr des Deutschen Jungvolks", das heißt der 10- bis 14jährigen. Eine gewaltige Rekrutierungskampagne lief an, um so viele Jungen und Mädchen wie möglich zum Eintritt zu bewegen. Der gesamte Jahrgang 1926 sollte am 19. April, dem Vorabend von Hitlers 47. Geburtstag, „freiwillig" in die Hitlerjugend eintreten. Um ihrer Mitgliederwerbung den größtmöglichen Erfolg zu sichern, paßte sich die HJ der Gebietseinteilung der NSDAP in Ortsgruppen an, die ihrerseits wieder in Blocks und Zellen unterteilt waren. Eine Ortsgruppe dieser Art umfaßt etwa 150 10- bis 14jährige und bildete ein „Fähnlein" von Kompaniestärke. Die Mädchen waren nach dem gleichen Muster organisiert.

Diese Einheiten veranstalteten in ihrem Gebiet intensive Werbefeldzüge, Aufmärsche, Liederabende und Elternabende. Die Lehrer der Volks- und Oberschulen, die zu diesem Zeitpunkt zumindest dem NS-Lehrerbund, wenn nicht gar der NSDAP angehören mußten, um noch unterrichten zu dürfen, wurden aufgefordert, mit allen Mitteln auf ihre Schüler einzuwirken, um sie zum Eintritt ins Jungvolk zu bewegen. Die Rekrutierungskampagne erreichte ihren Höhepunkt in den letzten vier Wochen vor Hitlers Geburtstag.

Als Ort der für das ganze Reich gültigen Aufnahmefeier wählte Schirach den Remter der Marienburg, denn der Deutsche Ritterorden und seine politische und kolonisatorische Leistung galten als vorbildlich. Bei Kerzenlicht und Fackelschein sprachen die „Pimpfe" und „Jungmädel" in dem gotischen Saal den Eid nach, der bis zum 20. April 1945 an jedem Geburtstag Hitlers wiederholt wurde:

> „Ich verspreche, in der Hitler-Jugend
> allezeit meine Pflicht zu tun
> in Liebe und Treue zum Führer
> und zu unserer Fahne,
> so wahr mir Gott helfe!"

Danach erklangen Querpfeifen, Trommeln und Fanfaren – und das HJ-Lied „Vorwärts! Vorwärts! schmettern die hellen Fanfaren. Vorwärts! Vorwärts! Jugend kennt keine Gefahren." Nun machten die Jungen und Mädchen eine zwei- bis sechsmonatige Probezeit durch. Nach dieser Zeit war die „Pimpfenprobe" zu bestehen, die aus sportlichen und geländesportlichen Aufgaben in Verbindung mit Fragen zur „weltanschaulichen Schulung" bestand. Ebenfalls dazu gehörte eine Mutprobe, die beispielsweise (wie im Fall des Verfassers) daraus bestehen konnte, daß der Junge in voller Uniform aus einem Fenster im ersten Stock eines Wohnhauses springen mußte. War diese Probe bestanden, durfte der Pimpf nun Fahrtenmesser (mit der geheimnisvollen Beschriftung „Blut und Ehre"), Schulterriemen und Jungvolk-Abzeichen zur Uniform tragen. Jede Ortsgruppe, jeder Bezirk hatte jetzt je eine Gefolgschaft (HJ), ein Fähnlein

(DJ), eine Mädelgruppe (MB) und eine Jungmädel-gruppe (JM).

Am 1. Dezember 1936 folgte dann eine seit langem erwartete Maßnahme – die Verkündung des „Gesetzes über die Hitler-Jugend", in dem es hieß: „Die gesamte deutsche Jugend innerhalb des Reichsgebiets ist in der Hitler-Jugend zusammengefaßt. Die gesamte deutsche Jugend ist außer in Elternhaus und Schule in der Hitler-Jugend körperlich, geistig und sittlich im Geiste des Nationalsozialismus zum Dienst am Volk und zur Volksgemeinschaft zu erziehen. Die Aufgabe der Erziehung der gesamten deutschen Jugend in der Hitler-Jugend wird dem Reichsjugendführer der NSDAP übertragen. Er ist damit Jugendführer des Deutschen Reiches. Er hat die Stellung einer Obersten Reichsbehörde mit dem Sitz in Berlin und ist dem Führer und Reichskanzler unmittelbar unterstellt."

Blut und Boden

Die Rassenlehre sei der Ausgangspunkt aller nationalsozialistischer Lehre, hieß es in einer Dissertation aus dem
Jahre 1940, woraus sich Konsequenzen für die nationalsozialistische Jugenderziehung ergäben. Entsprechend
dem Willen des Führers sei die Stärkung und körperliche
Ertüchtigung eines jeden die erste und vornehmste
Pflicht der jungen Generation. Um die Kräfte messen zu
können, sei ständiger Kampf notwendig, der allein das
Überleben der rassisch Besten bewirken werde. Durch
Kampf und Sieg errungenes Selbstbewußtsein müsse sich
jedes Mitglied der (deutschen) Volksgemeinschaft von
frühester Kindheit an erwerben. Seine ganze Erziehung
müsse darauf ausgerichtet sein, ihm die Überzeugung zu
geben, anderen überlegen zu sein. Der junge Mensch
müsse sich frühzeitig daran gewöhnen, die Überlegenheit
des Stärkeren anzuerkennen und sich ihm unterzuordnen.

Diese zweifelhafte „wissenschaftliche" Arbeit ver-
quickte eine Vulgärfassung des Sozialdarwinismus mit
Rassismus und verkörperte damit, was in gewissen
Kreisen der Hitlerjugend und der NSDAP-Führung als
„Ideologie" bezeichnet wurde. Die Frage ist nur, wie
weit diese Ideologie in einem Zeitraum von zwölf Jahren
(in dem die gesamte deutsche Jugend nur sieben Jahre

lang vollständig in der Hitlerjugend „erfaßt" war) in die Gedankenwelt der ihr Ausgesetzten eindringen konnte. Und das wirft die grundsätzliche Frage auf, inwieweit das nationalsozialistische Deutschland tatsächlich ein totalitärer Staat war, der imstande war, jedem einzelnen Volksgenossen seinen Willen und seine Vorstellungen aufzuzwingen.

Als „Ideologie" war der von Hitler verkündete Nationalsozialismus ein Ideenkonglomerat, das keineswegs mit der systematischen theoretischen Struktur des Marxismus-Leninismus vergleichbar war. Aus Hitlers wie aus Himmlers Sicht war der einzige „ideologische" Grundsatz, von dem der Nationalsozialismus niemals abwich, der Antisemitismus. Aber auf diesem Grundsatz ließ sich keine Massenpartei begründen, sondern bestenfalls eine wirre Splitterpartei. Um den Judenhaß als politisches Ziel populär zu machen, mußte er mit den politischen und wirtschaftlichen Mißständen der damaligen Zeit in Verbindung gebracht werden. Daß in der Sowjetunion und in kommunistischen oder sozialistischen Parteien anderer Staaten Juden eine führende Rolle spielten, gab die Möglichkeit, eine Verschwörertheorie aufzustellen, nach der „das internationale Judentum" im Begriff sei, das deutsche Volk mit den Methoden der Sowjettyrannei zu versklaven.

Inmitten einer Wirtschaftskrise und nur sechs Jahre nach einer Inflation, die das deutsche Kleinbürgertum praktisch an den Rand der Proletarisierung gebracht hatte, war jedoch der Appell an einen wirtschaftlich motivierten Antisemitismus, der notwendigerweise ein größeres Echo finden würde als ein rassisch motivierter, abstrakter Judenhaß, erheblich wirksamer. Die „Geldmacht der Banken", die Auswirkungen der Industrialisierung, die Konzerne begünstigte und den Handwerker, den Kleingewerbetreibenden verdrängte, die Entpersönlichung der Industriegesellschaft – dafür konnte man die „internationale Großfinanz" und die Tatsache verantwortlich machen, daß zu ihr tatsächlich auch Juden gehörten. Für Leute, die nicht imstande waren, die Komplexität des industriellen Wandels und der damit verbundenen Veränderungen zu begreifen, war eine „internationale jüdische Verschwörung" eine durchaus plausible Erklärung. Deshalb war der auf wirtschaftlichen Mißständen statt auf rassischer Grundlage basierende Antisemitismus ein Aspekt des nationalsozialistischen Programms, der im Volk Widerhall fand.

Der nationalsozialistische Begriff „Blut und Boden", der die wechselseitige Abhängigkeit zwischen Erhaltung der Rasse und Grundbesitz („Reichserbhof") postulierte, war lediglich eine Abwandlung der nach 1870 von Barres herausgegebenen Parole „la terre et les morts". Er war eine rassistische Parole, die wie der wirtschaftlich begründete Judenhaß an eine Gesellschaft appellierte, die noch nicht im Industriezeitalter heimisch war, sondern sich nach „der guten alten Zeit" zurücksehnte. Hitlers nachdrücklich unterstrichenes Ziel einer wahren Volksgemeinschaft griff auf Traditionen zurück, die mindestens aus den Befreiungskriegen gegen Napoleon stammten und nach 1815 durch die dynastische Reaktion zum Scheitern verurteilt gewesen waren. Deshalb war vielen Deutschen Bismarcks Deutschland nicht als Verwirklichung des deutschen Nationalstaats, sondern lediglich als Zwischenstation dorthin erschienen. Hitler versprach, Bismarcks Werk zu vollenden, was ihm tatsächlich für sehr kurze Zeit gelang.

Um wirklich einen völlig totalitären Staat einzuführen, hätte Hitler die überlieferten sozialen Bindungen des Volkes zerstören müssen, wie es die Bolschewiken 1917 in Rußland getan hatten. Statt dessen trat er als ihr Verfechter auf, was ihm sogar Unterstützung aus dem ultrakonservativen Lager einbrachte, weil er wußte, daß er seine Politik nur mit Hilfe der traditionellen Kräfte würde verwirklichen können – und konnte zugleich die Grundlagen für einen völlig totalitären Staat der Zukunft legen. Vorerst bestanden die alten Institutionen noch neben denen der Partei weiter, aber im Volk existierte ein Unbehagen, das sich in den letzten Kriegsjahren fühlbar steigerte.

Deutschland war damals ein totalitärer Staat, der jeden einzelnen Bürger erfaßte und in den politischen Prozeß eingliederte, aber trotzdem noch „politisches Privatleben" in beträchtlichem Umfang duldete. Mit anderen Worten: Wer die Methoden Hitlers und seiner Partei verabscheute, aber nicht bereit war, aktiv Widerstand zu leisten, hatte noch immer die Möglichkeit, ganz aus der Politik auszusteigen. Der Totalitarismus der Nazis erreichte nie den Punkt, wo er in die innerste Lebenssphäre des einzelnen Deutschen eindringen und jede private oder öffentliche Tätigkeit nach den Kriterien der NS-Ideologie überprüfen konnte. In den ganzen zwölf Jahren, in denen Hitler an der Macht war, wurde eine solche ideologische Kohärenz nie erreicht.

Eine systematische Untersuchung des für die Hitlerjugend bestimmten amtlichen Schrifttums zeigt, wie gering der Anteil an tatsächlich politisch-ideologisch wirkenden Schriften gewesen ist. Auffällig sind in jedem Fall die Hitlerzitate in gotischer Schrift und die detaillierten Berichte über die Tätigkeit der Hitlerjugend in anderen Gauen des Deutschen Reiches.

Betrachtet man die institutionelle Position der Hitlerjugend innerhalb des Parteiapparats, könnte man den Eindruck gewinnen, sie sei ein starres Gebilde gewesen, in dem es wenig Raum für Spontaneität und selbständige Entwicklung gegeben habe. Das mag auf die Stellung der Reichsjugendführung gegenüber der NSDAP zutreffen, aber auf unterer Ebene, wo Jugend tatsächlich von Jugend geführt wurde, sah das Bild anders aus. Bannführer waren im Durchschnitt 24 Jahre alt, aber dieses Alter wurde nach Kriegsausbruch drastisch herabgesetzt. Gefolgschaftsführer waren selten älter als 17; Fähnleinführer des Jungvolks waren 14 bis 15 Jahre alt. 1945 konnte ein Jungzugführer, der für etwa 40 Jungen verantwortlich war, nur wenig älter als elf Jahre sein (wie der Verfasser).

Niemals zuvor in der deutschen Geschichte hatte die Jugend solche Machtpositionen besessen, niemals zuvor war alles, was sie tat, von beinahe nationaler Bedeutung gewesen – was zwangsweise dazu führte, daß viele Hitlerjungen arrogant auf die ältere Generation herabsahen. Der ständige Betätigungszwang mit Werbemärschen, Sportwettkämpfen und Sammlungen für das Winterhilfswerk ließ sehr wenig Raum und Zeit zum Nachdenken und zu systematischer ideologischer Indoktrination. Noch mehr trifft das auf die Kriegsjahre zu, in

91

denen HJ, Jungvolk, BDM und Jungmädel von Anfang an in steigendem Umfang an der Heimatfront eingesetzt wurden, bis schließlich viele von ihnen an der Kampffront standen und vom Sterben fast mehr wußten als vom Leben.

Die Vorstellung von Millionen kleiner Hitlerjungen, die Hitlers „Mein Kampf" studierten oder auswendig lernten, ist unrealistisch. Was schon auf SS-Junkerschulen für unverdaulich galt, mußte für die jüngeren Altersgruppen erst recht unverständlich sein. Ideologische Glaubensgrundsätze – wenn man sie so nennen kann – wie Nationalismus und die Überzeugung, das eigene Land sei anderen moralisch und physisch überlegen, waren kein speziell nationalsozialistisches Gedankengut, sondern wären schon vor 1933 bei jeder gemäßigten Rechtspartei anzutreffen gewesen.

Ein ideologischer Programmpunkt, der in großem Maße verwirklicht wurde, war die Überbrückung von Klassenunterschieden. Allerdings wurde das Problem des „Klassenkampfes" niemals analysiert oder in theoretischen Diskussionen aufgearbeitet; statt dessen wurde der Klassenkampf als einer der Exzesse einer degenerierten Demokratie abgetan. Der entscheidende Faktor war jetzt das „Führerprinzip": Arbeiter und Arbeitgeber marschierten mit demselben Ziel in derselben Uniform unter derselben Fahne. Der Intellektuelle wie der Bauer arbeiteten für ein gemeinsames Ziel – das Wohl der Volksgemeinschaft. In der Hitlerjugend wurden gesellschaftliche Schranken niedergerissen, und das gesamte Bildungssystem zielte auf die Verwirklichung einer besonderen Chancengleichheit ab, die der Jugend alle

Möglichkeiten ohne Rücksicht auf die finanziellen Verhältnisse der Eltern bot. Natürlich gab es Schulen, an denen eine Elite herangebildet werden sollte, aber das waren keine Privatschulen, sondern NS-Schulen, die verhältnismäßig wenig Schulgeld verlangten.

Es gab natürlich vereinzelt Rückfälle – zum Beispiel in München, wo Hitlerjungen aus einem der „besseren" Viertel eine eigene Clique innerhalb der dortigen HJ bildeten, um sich von den Kameraden zu distanzieren, die in einem Arbeiterviertel wohnten oder nicht aufs Gymnasiums gingen. Die dagegen ergriffenen Maßnahmen der Führung waren ebenso drastisch wie wirkungsvoll. Die Jungen wurden „auf Vordermann gebracht" und mußten ein Vierteljahr lang ihre gesamte Freizeit für hilfsbedürftige Arbeiterfamilien opfern. Nach drei Monaten hatte die Kur gewirkt, und das Leben in der Gruppe ging weiter, als ob nichts geschehen sei. Später machten die alliierten Luftangriffe dem einzelnen deutlich, wie notwendig Kameradschaft und unbedingte Zuverlässigkeit waren.

Daß die nationalsozialistische Ideologie auf so wenige offene Ohren stieß, lag auch daran, daß nicht genug Material für eine systematische ideologische Schulung zur Verfügung stand. Statt Ideologie wurde oft eine wirre parteigeschichtliche Mythologie angeboten, deren Schwerpunkt auf den „Blutzeugen der Bewegung" wie den 16 Toten des Münchner Putsches von 1923 und natürlich Horst Wessel und Herbert Norkus lag. Vom Jungvolk bis zur Hitlerjugend wurden die meisten HJ-Schriften als das erkannt, was sie in Wirklichkeit waren: ziemlich plumpe Propagandaschriften.

Indirekter ideologischer Einfluß wurde durch die „gleichgeschalteten" Massenmedien wie Presse, Film und Theater ausgeübt, aber die Reichsjugendführung scheint das Fehlen wirkungsvollen Schulungsmaterials als Mangel empfunden zu haben, dem sie 1943 durch die Einführung eines HJ-Katechismus abhelfen wollte, der jedoch wenig Abnehmer fand. Eine Kontrolle der Bücherbestände bei den Gebietsleitungen in Berlin, München, Hamburg, Dresden, Essen, Düsseldorf, Breslau und Königsberg zeigte, daß die gelieferten Exemplare noch nicht einmal weiterverteilt worden waren. Außerdem behaupteten Hitlerjungen häufig, ihr Dienst nehme sie so in Anspruch, daß ihnen keine Zeit für konzentriertes Lesen bleibe.

Das Reichskonkordat von 1933 schien die Beziehungen zwischen dem NS-Regime und der katholischen Kirche geregelt zu haben. Aber dieser Waffenstillstand war von kurzer Dauer, denn schon wenig später herrschte wieder offener Krieg zwischen Kirchen und Staat. Offiziell zog Hitler es vor, die Kirchen zu ignorieren, solange sie sich nicht ausdrücklich gegen von ihm angeordnete Maßnahmen wandten. Verstießen sie gegen diesen Grundsatz, hing seine Reaktion von den Umständen ab.

Als beispielsweise in den ersten Kriegsjahren die Durchführung seines Euthanasieprogramms bekannt wurde und auf heftige Kritik katholischer und evangelischer Geistlicher stieß, erklärte er sich dazu bereit, es einstellen zu lassen. Während einer nationalen Krise konnte er es sich nicht leisten, die Kirchen gegen sich aufzubringen.

Aber vor dem Krieg – und größtenteils auch noch in den ersten Kriegsjahren – herrschten die Gauleiter der NSDAP in ihren Gauen fast selbständig. Deshalb hing das Verhältnis zwischen Partei und Hitlerjugend auf der einen und den Kirchen auf der anderen Seite sehr von der Einstellung des jeweiligen Gauleiters ab, aber auch die Macht der Gauleiter war natürlich nicht unbegrenzt. Als Gauleiter Adolf Wagner 1940 in Oberbayern die Entfernung aller Kruzifixe aus Klassenzimmern anordnete, löste er damit im traditionell katholischen Bayern solche Empörung aus, daß er zweckmäßigerweise durch Gauleiter Giesler abgelöst werden mußte.

Zwischen 1933 und 1937 konnten einzelne Parteiführer militanter gegen die Kirchen auftreten als später. Der Bischof von Münster, Clemens August Graf von Galen, hatte sich beispielsweise häufig gegen die Schwächen der Weimarer Republik gewandt und seine Gemeinde kurz nach Hitlers Machtergreifung aufgefordert, mit dem neuen Regime zusammenzuarbeiten, um Deutschland wieder seinen „rechtmäßigen Platz" in der Welt zu verschaffen. Aber er unterschied klar zwischen Hitler und Alfred Rosenberg, dem Hauptverfechter des „Neuheidentums".

Als 1935 bekannt wurde, daß Rosenberg auf einer Kundgebung in Münster sprechen sollte, schrieb er sofort einen Protestbrief an den Gauleiter für Westfalen und stellte darin kategorisch fest: „Die überwiegend katholische Bevölkerung Westfalens würde das Erscheinen Rosenbergs als direkte Provokation empfinden..."

Trotzdem kam Rosenberg am 7. Juli 1935 nach Münster, und die dortige NSDAP-Ortsgruppe veranstaltete bei dieser Gelegenheit eine demonstrative Massenkundgebung auf dem größten Platz der Stadt, an dem auch die Bischofsresidenz stand. Graf von Galen wurde als Verkörperung der reaktionären Mächte angeprangert, und Innenminister Frick, den Rosenberg entgegen seiner ursprünglichen Absicht doch noch zur Teilnahme an der Kundgebung hatte überreden können, sprach über die Trennung von Kirche und Staat.

Rosenbergs Rede enthielt zwangsläufig metaphysische Untertöne. Während er eine „germanische Geistesfreiheit" forderte, sprach er sich gegen den dem Christentum anhaftenden Aberglauben aus – und fand keinen anderen Ersatz dafür als den Aberglauben in seiner germanischen Rassenlehre. Gegen Ende seiner Rede griff er den Bischof persönlich an und fragte ihn, ob die NSDAP nicht mehr als jede andere Partei geleistet habe, um der „bolschewistischen Gefahr" entgegenzutreten. Er behauptete, religiöse Toleranz gehöre zu den Grundsätzen der Regierungspolitik Hitlers und belegte diese „Toleranz" am Beispiel Graf von Galens, der Briefe mit Verleumdungen über Rosenberg geschrieben habe, ohne fürchten zu müssen, dafür eingesperrt zu werden.

Die Kundgebung endete damit, daß HJ-Gruppen vor der Bischofsresidenz aufmarschierten und in Sprechchören beleidigende und antiklerikale Parolen brüllten. Auch gegen den Bischof von Trier und den Erzbischof von Paderborn marschierte Hitlerjugend auf. In allen drei Fällen waren die Hitlerjungen jedoch eigens für diesen Zweck aus anderen Gauen „importiert" worden. Auch in anderen Teilen Deutschlands wurde die Hitlerjugend bei ähnlichen Gelegenheiten eingesetzt, aber ob

Drei Hitlerjungen bei der Einsatzbesprechung: Morgens Schule, mittags Einsatz. Im Gegensatz zu anderen Jugendorganisationen war es den Hitlerjungen gestattet, ihre Uniform in der Schule zu tragen.

dur von Schirach:
Reichsjugendführer wollte alle
end organisationen unter Kontrolle
en.

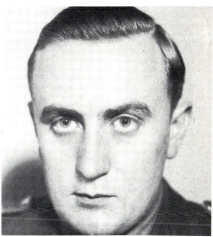

Arthur Axmann: Der Führer der Berliner Hitlerjugend verstand es, sich in den Vordergrund zu spielen.

Sauberkeit im Kollektiv: Vor dem gemeinsamen Mittagessen in der Adolf-Hitler-Schule führt der Jungvolkführer eine Fingernagelinspektion durch.

Erziehungsmodell Napola: An den Nationalpolitischen Lehranstalten ließ Hitler eine neue deutsche Jugend erziehen, „schlank und rank, flink wie Windhunde, zäh wie Leder und hart wie Kruppstahl".

Erstes Kriegsjahr 1939: Gesichter, die die Zukunft gestalten wollten – eine Zukunft, die Hitler bereits gestaltet hatte.

Freizeitbeschäftigung: Hitlerjugend organisiert eine Sammlung für das Winterhilfswerk.

Studentinnen auf dem Weg zum Feldeinsatz: „Im Gleichschritt, ein Lied auf den Lippen, geht es zu des neuen Tages Arbeit..."

diese Jungen tatsächlich von den neuen Ideologien motiviert waren, ist zweifelhaft. Wahrscheinlicher ist, daß Kundgebungen und Aufmärsche für sie lediglich ein Ventil für überschüssige Energie waren – und daß der Gedanke an eine kostenlose Reise in einen anderen Teil Deutschlands mit gutem Essen und mehreren schul- oder arbeitsfreien Tagen sie anlockte.

Gelegentlich wurden – vor allem bei HJ-Führern – Versuche unternommen, Hitlerjungen zum Austritt aus der Kirche zu bewegen. Der Freiburger Geschichtswissenschaftler H.-G. Zmarzlik erinnert sich an seine Erfahrungen als HJ-Führer: „Unser Direktor war Nationalsozialist. Ein ‚alter Kämpfer‘, der bald nach der Machtübernahme seine Chance erhielt. Er war nicht beliebt, aber auch nicht verhaßt. Er galt als ‚kleinkariert‘, war borniert, aber wohlmeinend. So waren viele, die damals kleine Karriere machten. Einmal stellte er mich, Obertertianer, und sagte: ‚Du bist doch Führer in der HJ, warum gehst du dann noch zum katholischen Religionsunterricht?‘ Ich ging nicht gern zum katholischen Religionsunterricht. Der war langweilig. Aber mich ärgerte die Anzapfung, und ich antwortete: ‚Herr Direktor, ich bin nun einmal katholisch, also bleibe ich dabei.‘ Da sagte er: ‚Du hast recht. Man soll seiner Überzeugung treu bleiben.‘ Das war typisch für die Mentalität bürgerlich geprägter Nationalsozialisten, die über jeden Opportunismusverdacht erhaben sein wollten und in der Fortexistenz der Kirchen im Grunde ein moralisches Alibi fanden.“

Schirach distanzierte sich klar von dem extrem antichristlichen Flügel der NSDAP, als er sagte: „Es ist nicht

meine Absicht, in den Wäldern Deutschlands Heiden-
altare errichten zu lassen und die Jugend einem Wotans-
kult zuzuführen oder das junge Deutschland den Zau-
berkünsten irgendwelcher Kräuterapostel auszulie-
fern... Ich verspreche dem deutschen Volk, daß die
Jugend des Deutschen Reiches, die Jugend Adolf Hitlers, ihre Pflicht im Geiste Adolf Hitlers, dem allein ihr
Leben gehört, tun wird."

Häufig wird die Auffassung vertreten, die Phantasie
der jungen Menschen sei durch teutonische Zeremonien
und Rituale, die angeblich weit verbreitet gewesen sein
sollen, angeregt worden. Außerdem wird oft behauptet,
die ideologische Schulung sei besonders wirksam gewesen und von hochspezialisierten Lehrkräften, die sämtliche Tricks ideologischer Beeinflussung beherrschten,
durchgeführt worden. Dazu habe der pulsierende Rhyth-
mus der Marschkolonnen ebenso wie das endlos wieder-
holte Absingen von Naziliedern gehört. Auf diese Weise
seien die Jungen und Mädchen ganz in den Bann eines
Gemeinschaftserlebnisses gezogen worden, das ihre
Individualität aufgehoben und sie mit den Kameraden
vereint habe.

Behauptungen dieser Art lassen sich jedoch nicht
beweisen. Was den letzten Punkt betrifft, ist festzustel-
len, daß jeder Aufenthalt in einem Jugendlager mehr
oder weniger zum gleichen Ergebnis führt. Es wäre kaum
sehr geschickt gewesen, die Jugendlichen durch endloses
Absingen von Naziliedern indoktrinieren zu wollen, und
wenn man ein HJ-Liederbuch durchblättert, stellt man
überrascht fest, wie wenige Lieder tatsächlich aus dem
nationalsozialistischen Liedgut stammten. Die meisten

wurden von der deutschen Jugendbewegung vor dem Ersten Weltkrieg übernommen, die wiederum viele Volkslieder gesungen hatte. Dazu gehörten auch antiklerikale Lieder. So konnte Schirach bei seiner Vernehmung während der Nürnberger Prozesse, wo ihm vorgeworfen wurde, er habe für die Hitlerjugend antiklerikale Lieder wie „Wir sind des Geyers schwarzer Haufen…" schreiben lassen, mit Recht darauf hinweisen, daß dieses Lied seit Jahrhunderten in evangelischen Gebieten Deutschlands gesungen worden sei und aus der Zeit der Bauernaufstände des 16. Jahrhunderts gegen den begüterten Landadel und die reichen Klöster stamme.

Die Hitlerjugend zu lehren, ihr christliches Erbe zu verachten, und Geistliche beider Konfessionen als Vaterlandsverräter hinzustellen, hätte ebenfalls nicht recht zu „hochspezialisierten Lehrkräften" gepaßt, die recht gut wissen mußten, wie stark der Einfluß der Kirchen noch immer war.

Vor dem Krieg mußte das nationalsozialistische Regime in seinen Beziehungen zu den Kirchen behutsam auftreten. Die Ausschreitungen einzelner NS-Größen, die einen persönlichen Kirchenkampf führten, konnten sich gelegentlich als recht peinlich erweisen, und die Schauprozesse, bei denen Geistliche mit gefälschten Beweisen als Sexualtäter oder Devisenschmuggler angeklagt wurden, mußten auf ausdrücklichen Befehl Hitlers eingestellt werden. Noch konnte Hitler sich keine offene Auseinandersetzung mit der Kirche leisten – und nach Kriegsausbruch konnte er erst recht keine brauchen. Obwohl er in seinen „Tischgesprächen" gegen die Kirche wetterte, betrafen seine finsteren Drohungen stets nur die Zeit nach dem Krieg. Solange der Krieg andauerte, forderte er lediglich ihre stillschweigende Duldung seiner Herrschaft – und selbst die war nicht immer zu erreichen, wie das Problem der Euthanasie zeigte.

Auch für die katholischen sowie für einige der noch im Untergrund existierenden evangelischen Jugendbünde brachte der Krieg einschneidende Veränderungen. In einer Münchner Gemeinde löste sich eine solche Gruppe freiwillig auf, um eine aktive Rolle in der Hitlerjugend zu spielen. Die Jugendlichen erkannten, daß an die Stelle der Auseinandersetzungen zwischen den Kirchen und den extremen Kräften des Nationalsozialismus der Kampf „für die Sache des Vaterlandes gegen seine Feinde" getreten war. In Münchner Kirchen waren sonntags bei der Messe häufig ganze HJ-Kameradschaften in Uniform zu sehen, während die Ministranten ebenfalls Hitlerjungen waren.

Wären die ideologische Durchdringung der deutschen Jugend und ihre antichristliche Indoktrination in den Jahren 1933–45 so gründlich und vollständig gewesen, wie oft behauptet worden ist, muß man sich fragen, weshalb die Mehrzahl der Deutschen den Nationalsozialismus so rasch wieder abschütteln konnten, sobald das Dritte Reich zusammengebrochen war. Eine mögliche Erklärung – oder vielmehr ein Teilaspekt einer viel komplexeren Analyse – geht dahin, daß der Nationalsozialismus in den meisten Fällen lediglich einen dünnen Überzug bildete, der unter geänderten Umständen rasch wieder abgestoßen werden konnte.

Außer Zweifel steht jedoch, daß die nationalsozialistische Ideologie, wie sie von Hitler, Himmler oder

Rosenberg aufgefaßt wurde, ihrem Wesen nach anti-christlich war, und daß auf die Dauer eine direkte Konfrontation zwischen Hitlers Deutschland und den beiden großen Kirchen unvermeidlich gewesen wäre. Außerdem lag es im Interesse seiner „Ideologie", alle christlichen Einflüsse von der Jugend fernzuhalten, was in einer Minderheit aller Fälle sogar gelang. Im allgemeinen wurde Hitlers Einstellung den Kirchen gegenüber jedoch von taktischen Erwägungen bestimmt, die oft – seiner Meinung nach vorläufige – Zugeständnisse an beide Konfessionen erforderten.

Die katholische Kirche gab ihren Anspruch, für die geistige Bildung der deutschen Jugend zuständig zu sein, nie auf. Hitler konnte lediglich Hindernisse errichten, aber nie eine antichristliche Erziehung der Jugend, die unter seinem Namen marschierte, einführen oder befür-worten.

Erziehung

Die politische Zerrissenheit der Weimarer Republik wirkte sich auch auf das deutsche Bildungssystem aus – vor allem auf der Oberschul- und Universitätsebene. Obwohl es anfangs so ausgesehen hatte, als sei durch den Zusammenbruch des Hohenzollernreiches der Weg für einen Reformimpuls freigeworden, der neue Beziehungen zwischen Lehrern und Schülern oder Studenten herstellen und den Mief aus Klassenzimmern und Hörsälen vertreiben wollte, wurde dieser Impuls bald durch die Einmischung gesellschaftlicher, politischer und kirchlicher Interessengruppen erstickt.

Die in der Öffentlichkeit ausgetragenen Parteikämpfe wirkten sich schließlich bis in Hörsäle und Klassenzimmer hinein aus. Wurde ein Lehrer – wie Dr. Bernhard Rust, später Hitlers Minister für Wissenschaft, Erziehung und Volksbildung – politisch tätig, mußte er mit seiner Entlassung aus dem Schuldienst rechnen, wenn er ein Nationalsozialist oder Kommunist war. Schüler, die in jugendlichem Überschwang zu sehr viel aktiverer Betätigung neigten, konnten unter Umständen vom Abitur ausgeschlossen werden.

Als Rust im Februar 1933 das preußische Ministerium für Wissenschaft, Kunst und Volksbildung übernahm (vor der Gleichschaltung, die auf dem Schulsektor die

Unterstellung der Länder unter die Zentralregierung in Berlin brachte), gehörte zu seinen ersten Verfügungen ein Erlaß, nach dem „alle Schulstrafen aufzuheben sind, die seit dem 1. Januar 1925 gegen Schüler wegen solcher Handlungen verhängt worden sind, die aus nationalen Beweggründen begangen sind. Etwa verwiesene Schüler sind ohne Aufnahmeprüfung wieder in die betrffende Klasse aufzunehmen." Die Betroffenen ließen sich als Märtyrer für die „nationale Sache" feiern und schlugen so viel wie möglich für sich heraus.

Das Widerstreben vieler Lehrer und Professoren, sich offen politisch zu engagieren, hielt noch weit ins Dritte Reich hinein an. Im Jahre 1933 war noch nicht abzusehen, wie lange Hitler an der Macht bleiben würde, und nach Meinung vieler war nicht zu erwarten, daß seine Regierung sich länger als die bisherigen würde halten können. Diese Einstellung änderte sich nach dem Reichstagsbrand, den Märzwahlen und der Verabschiedung des Ermächtigungsgesetzes jedoch rasch. Beamte und Lehrer beeilten sich jetzt, der NSDAP oder einer ihrer Gliederungen beizutreten.

Aber schon zuvor kam es in vielen deutschen Städten zu einer eigenen Machtergreifung der Hitlerjugend. „Wir waren froh, daß wir wenigstens einmal unseren Kieler Paukern zeigen konnten, daß eine neue Zeit begonnen hatte. Anschließend zog die Hitlerjugend vor viele Schulen und holte, teilweise nach heftiger Gegenwehr der Direktoren und Hausmeister, die schwarz-rot-goldenen Fahnen aus den Oberböden ... und hißten zum erstenmal die roten Hakenkreuzfahnen und Hitlerjugendfahnen auf den Schulen. Viele Lehrer glaubten

104

damals noch, daß wir die Weimarer Fahnen und Bilder, die wir feierlich im Schulhof verbrannten, wieder bezahlen müßten, weil sie ja doch bald wieder aufgehängt werden müßten."

Nach der Gleichschaltung der deutschen Länder, durch die Rusts Zuständigkeit sich auf ganz Deutschland erstreckte, führte er eine systematische Säuberung der gesamten Lehrer- und Professorenschaft durch. Lehrer und Professoren, die einer der „Systemparteien" angehörten, wurden aus dem Dienst entfernt – meistens durch „vorzeitige Pensionierung". Das gleiche galt für alle jüdischen Lehrer ohne Rücksicht auf ihre politische Einstellung. Sie wurden durch Männer und Frauen ersetzt, die oft bessere Nationalsozialisten als Lehrer waren.

Die Gegensätze zwischen Schülern und Lehrern sind vermutlich so alt wie die Schule selbst, und die ideologischen Spaltungen der Weimarer Republik hatten die „Wir-gegen-sie"-Einstellung noch verschärft. Aber jetzt war „die Zeit der Jugend" angebrochen, und viele Hitlerjungen hielten die Gelegenheit für günstig, es den „liberalen bürgerlichen Heuchlern" heimzuzahlen. Ein Jungzugführer holte seine Jungen zusammen, drang gewaltsam in seine Schule ein und sprengte nach bewährter „Saalschlachtmanier" eine Lehrerkonferenz.

In den Jahren 1933 und 1934 wurden Meldungen über Fälle von Gehorsamsverweigerung bis zur Gewaltanwendung gegen Lehrer durch Hitlerjungen so häufig, daß sie auch der NSDAP Sorgen machten. Am 17. November 1933 diskutierten Pädagogen auf der 11. Tagung des „Ausschusses für das Erziehungswesen" die Bedrohung der Schuldisziplin durch Hitlerjungen und Mittel zu ihrer Wiederherstellung. Der Ausschuß gelangte zu der Überzeugung, die Verwilderung der HJ sei auf eine allgemeine „Führungskrise" zurückzuführen, die sich am besten durch den Einsatz der jüngsten Lehrer als HJ-Führer zur Hebung des Niveaus der Führerschaft bewältigen lasse.

Selbstverständlich ging es den vor 1933 eingetretenen NSDAP-Mitgliedern nicht um eine Konfrontation mit der Hitlerjugend, aber für die Lehrer unter ihnen bedeutete Hitlers Ernennung zum Reichskanzler die Rückkehr zu „Recht und Ordnung". Rusts Ministerium ließ daran keinen Zweifel: „Bei dieser Gelegenheit betonen wir noch einmal, daß die Autorität der Schule im völkischen Staat unantastbar sein muß." Da es weiterhin Schwierigkeiten mit der Disziplin gab, wurde angeordnet: „Die Schulleiter haben dafür Sorge zu tragen, daß jeder Schüler seinen Lehrern unbedingten Gehorsam leistet und daß in den Schulen tadellose Zucht und Ordnung herrschen."

„Leitgedanken zur Schulordnung" sollten zur Jahreswende 1933/34 festlegen, wie sich Schule und Hitlerjugend ihre Aufgaben teilten: „Die oberste Aufgabe der Schule ist die Erziehung der Jugend zum Dienst am Volkstum und Staat im nationalsozialistischen Geist. Die Überwachung steht lediglich den vorgesetzten Behörden zu."

Dieser letzte Satz wurde von der NSDAP absichtlich eingefügt, damit die Hitlerjungen sich nicht einbilden konnten, es sei ihre Aufgabe, die Lehrer zu kontrollieren. Aus der Sicht nationalsozialistischer Lehrer spielte die Hitlerjugend in der Schule eine untergeordnete, keine führende Rolle. Deshalb wurde sie ermahnt: „Sie hat die Schulgewalt unbedingt zu achten und ihre Mitglieder anzuhalten, die Forderungen der Schule voll zu erfüllen. Schule und Hitlerjugend haben in ihren Ansprüchen an die Jugend auf die Mitwirkung der Eltern an der Erziehung und auf die Erhaltung und Pflege des Familienlebens verständnisvoll Rücksicht zu nehmen. Die Familie ist im neuen Staat erst recht als Keimzelle und als Grundlage des Volkstums geachtet, ihr Leben ist daher zu schützen und zu fördern."

Im Gegensatz zu anderen bis 1936 weiterbestehenden Jugendorganisationen durfte die Hitlerjugend in der Schule Uniform tragen. Durch einen Erlaß Rusts wurde auch die Grußpflicht geregelt: „Lehrer und Schüler erweisen einander innerhalb und außerhalb der Schule den deutschen Gruß (Hitlergruß). Der Lehrer tritt zu Beginn jeder Unterrichtsstunde vor die stehende Klasse, grüßt als erster durch Erheben des rechten Armes und die Worte ‚Heil Hitler'; die Klasse erwidert den Gruß durch Erheben des rechten Armes und die Worte ‚Heil Hitler'... Sonst grüßen die Schüler die Mitglieder des Lehrkörpers im Schulbereich nur durch Erheben des rechten Armes in angemessener Haltung... Den nicht-arischen Schülern ist freigestellt, ob sie den deutschen Gruß erweisen wollen oder nicht" – eine bloße Fiktion angesichts der wachsenden Zahl jüdischer Emigranten und der Zusammenfassung jüdischer Schüler in eigenen jüdischen Schulen.

Nachdem die Reichsjugendführung 1936 in den Rang einer „Obersten Reichsbehörde" aufgestiegen war,

107

erhob sie verstärkt den Anspruch, an Entscheidungsprozessen auf dem Gebiet der Schulpolitik mitzuwirken. Sie erwartete von der Schule, daß sie Rücksicht auf die zusätzlichen Belastungen durch den HJ-Dienst nehme und HJ-Führer zur Teilnahme an Lehrgängen vom Unterricht befreie. Außerdem sollten HJ-Führer im Unterricht besonders taktvoll behandelt werden, „um die Autorität des HJ-Führers vor seinen Kameraden nicht herabzusetzen".

Jedenfalls besserte sich das Verhältnis zwischen Hitlerjugend und den Schulen, seitdem die HJ 1936 zur Staatsjugend geworden war, und die Stunden- und Dienstpläne wurden besser aufeinander abgestimmt, als dies in den Jahren 1933–36 der Fall gewesen war.

Ein Blick auf die Organisationsstruktur der Hitlerjugend läßt erkennen, daß ihr Betätigungsfeld in die Bereiche vieler alter und neugeschaffener Ministerien hineinreichte. Neben dem Ministerium für Wissenschaft, Erziehung und Volksbildung waren das Innenministerium für Volksaufklärung und Propaganda, der Reichsarbeitsdienst, die Wehrmacht und die SS mehr oder weniger mit Jugendfragen befaßt und in der Jugendarbeit aktiv. Wehrmacht und NSDAP hatten selbstverständlich unterschiedliche Auffassungen davon, wie das Ergebnis einer nationalsozialistischen Erziehung aussehen sollte. Diese „Erziehungsgrundsätze" fanden ihren Niederschlag in der Führerschulung in Form von dreiwöchigen Lehrgängen mit insgesamt 170 Stunden. Davon waren 105 Stunden für Leibesübungen vorgesehen: 49 Stunden Geländesport, 40 Stunden Turnen und 16 Stunden Kleinkaliberschießen. Dazu kamen 65 Stunden Schulung: 37 Stunden weltanschauliche Schulung, drei Stunden politisches Seminar und 25 Stunden Sonstiges (Erste Hilfe, Führungspraxis, Gestaltung von Heimabenden u. ä.).

Das Jahr 1935, in dem Hitler die Rüstungsbeschränkungsklauseln des Versailler Vertrags für nichtig erklärte, war für die Hitlerjugend das „Jahr der Ertüchtigung", das einen doppelten Zweck erfüllte: Es sollte der neugeschaffenen Wehrmacht möglichst viele paramilitärisch vorgebildete Rekruten zuführen und die Jugend gleichzeitig auf die Olympischen Spiele 1936 in Garmisch und Berlin einstimmen. Anfang März 1935 fand der erste Reichs-Skiwettkampf der Hitlerjugend statt; am 22. und 23. Juni 1935 organisierte die Hitlerjugend das „Deutsche Jugendfest", bei dem sich fast 3 500 000 Mädchen und Jungen im sportlichen Dreikampf miteinander maßen.

Der Wehrsport erhielt zwangsläufig den Vorrang vor simplen Leibesübungen. Aber dadurch erhob sich die Frage, wer darin ausbilden und diese Ausbildung überwachen solle – und das brachte die Wehrmacht auf den Plan, weil nur sie die entsprechenden Möglichkeiten besaß. Die SS-Verfügungstruppen kamen damals für diese Aufgabe kaum in Frage, da sie selbst eine harte Ausbildung durchmachten, die teilweise von dafür abkommandierten Heeresoffizieren geleitet wurde. Die Wehrmacht sah in der Hitlerjugend sowie in den jüngeren SA-Jahrgängen ein ideales Menschenreservoir, das den Plänen für eine rasche Vergrößerung der Wehrmacht entgegenkam. Auf rein örtlicher Ebene existierte bereits eine Zusammenarbeit zwischen Wehr-

109

machtsoffizieren und HJ-Gruppen, aber der Versuch, daraus „amtliche" Beziehungen zu machen, wurde erst 1937 unternommen, als der damalige Oberstleutnant Rommel – bis dahin Dozent an der Kriegsschule Potsdam – zur Hitlerjugend abkommandiert wurde, um ihre Schulung und Disziplin zu überwachen.

Als Träger der höchsten deutschen Tapferkeitsauszeichnung im Ersten Weltkrieg, des Ordens „Pour le Mérite", wurde Rommel von den Hitlerjungen sofort als Held verehrt. Keineswegs von Heldenverehrung geprägt war dagegen das Verhältnis Rommels zu Reichsjugendführer Baldur von Schirach. Im Vergleich zu dem kampferprobten Soldaten mußte Schirach bei seinen Bemühungen, sich durchzusetzen, bombastisch und kraftlos wirken. Rommel hatte nichts gegen die wehrsportliche Ertüchtigung der Hitlerjugend, aber eine gründliche Schulbildung und gute Charaktererziehung erschienen ihm wichtiger. Er verabscheute den Typ des höheren HJ-Führers mit Dienstwagen und Chauffeur. Als Sohn eines Lehrers hatte Rommel Verständnis für die Differenzen zwischen Hitlerjugend und Schulbehörden und ergiff mehrmals für letztere Partei. Als Rommel als Vermittler zwischen Rusts Ministerium und der Reichsjugendführung aufzutreten versuchte, nahm Schirach daran Anstoß. Rommel sagte ihm ins Gesicht, wenn er entschlossen sei, Führer eines paramilitärischen Verbandes zu sein, solle er erst einmal selbst Soldat werden. Damit war Rommels Tätigkeit bei der Hitlerjugend beendet, und sein Ausscheiden bedeutete zugleich das Ende aller offiziellen Zusammenarbeit zwischen Wehrmacht und Hitlerjugend.

Hitler hatte offenbar eine andere Auffassung von der zukünftigen Erziehung der deutschen Jugend als Offiziere wie Rommel. Zwischen diesen beiden Extremen existierten Varianten, für die ohne Ausnahme ein schwammiger Wortschwall charakteristisch war, der nicht darüber hinwegtäuschen konnte, daß klar definierte Bildungsziele fehlten. Ein NS-Pädagoge wollte den „politischen Soldaten" erziehen; ein anderer sprach vom „Ethos des Dienstes". Und SS-Obergruppenführer Heißmeyer, der Inspekteur der Nationalpolitischen Erziehungsanstalten, setzte der Jugend als Ziel: „Glauben, gehorchen, kämpfen schlechthin!"

Ein Mitarbeiter der Rechtsabteilung der Reichsjugendführung stellte den bisherigen christlichen und humanistischen Bildungszielen, die für ihn im Begriff der „Liebe" gipfelten, die neuen nationalsozialistischen Ideale gegenüber: „Kompromißlosigkeit, Kämpfertum, Begeisterungsfähigkeit, Gläubigkeit und stete Einsatzbereitschaft", die sich unter dem Oberbegriff „Ehre" zusammenfassen ließen. „Das Bekenntnis zur Ehre stürzt jenes Wertsystem um, an dessen Spitze die ‚Liebe' steht. Es ist dies eine Liebe, die sich in uferlosem Überschwang der Menschheit zuwendet, die ‚alles verzeiht' und die daher Mitleid, Demut, Unterwürfigkeit und Askese im Gefolge hat... Gesunde Jugend wehrt sich instinktiv gegen jenes unmännliche Erziehungssystem, und wer den aufrechten und geraden Hitlerjungen sieht und versteht, der kennt den Platz der jungen Gemeinschaft im Ringen um Kirche oder Rasse, ..., Entsagung oder Würde, Liebe oder Ehre."

Die Schulen sollten weiterhin das traditionelle empirische Wissen vermitteln, aber die NSDAP würde durch die Erziehung in der Hitlerjugend dafür sorgen, daß jedes Kind deutscher Eltern zu einem „echten Deutschen" heranwuchs. Im Erziehungssystem des Dritten Reiches sollte die Hitlerjugend in bezug auf die deutsche Jugend die gleiche Position einnehmen wie die NSDAP in bezug auf die erwachsenen Deutschen. Das Endziel war eine Lehrerschaft, die ganz aus dem nationalsozialistischen Erziehungssystem hervorgegangen war, wodurch der Zwiespalt zwischen Schule und Hitlerjugend wegfallen würde.

Hitler äußerte sich häufig abfällig über den Lehrerberuf, den er am liebsten ganz den Frauen vorbehalten hätte. Diese Abneigung war zweifellos auf seine eigene Schulzeit in Österreich zurückzuführen, und in „Mein Kampf" erwähnt er nur eine Ausnahme: seinen pangermanischen Geschichtslehrer Dr. Pötsch. Trotz der schlechten Meinung, die Hitler vom Lehrerberuf hatte, waren viele der „alten Kämpfer" der NSDAP Lehrer gewesen – das berüchtigtste Beispiel: Julius Streicher. Im Jahre 1929 war ein „National-Sozialistischer Lehrerbund" gegründet worden, der die Zeitschrift „Der deutsche Erzieher" herausgab, und nach 1933 mußten ihm alle Lehrer beitreten, wenn sie nicht ihren Beruf wechseln oder vorzeitig in Pension gehen wollten. Aber sobald sie NSLB-Mitglieder waren, wurden sie durch zusätzliche Dienstpflichten als HJ-Führer oder Parteifunktionäre so in Anspruch genommen, daß ihre Lehrtätigkeit ernstlich darunter litt, was sich wiederum auf den Bildungsstand ihrer Schüler auswirkte.

Im Jahre 1943 stellte ein Mitarbeiter der Reichsjugendführung einen Bericht über die allgemeine Lage auf dem Bildungssektor in Deutschland zusammen. Bannführer Albert Müller, der Verfasser dieses Berichts, drückte sich überraschend freimütig aus, was in der damaligen Zeit, in der jeder Untergebene bestrebt war, seine Vorgesetzten in günstigem Licht erscheinen zu lassen, schon eine Ausnahme war. In seinem Bericht stand beispielsweise, daß – abgesehen von Kriegsfolgen – von 100 an Oberschulen benötigten Lehrern nur 35 zur Verfügung stehen würden. Zwischen den Weltkriegen hatten 30 Prozent aller Abiturienten Philologie studieren wollen; 1939 waren es noch zehn Prozent gewesen, und 1941 war ihr Anteil auf fünf Prozent gesunken. Müller nannte auch die Ursachen: „Neben dem Geburtenrückgang, der aus der Vergangenheit nachwirkende Ansehensschwund der geistigen Arbeit und die stärkere Anziehungskraft konkurrierender Berufe in Wirtschaft und Wehrmacht..."

Während die Weimarer Republik versucht hatte, das Niveau der Volksschullehrer zu heben, wurde es nach 1933 üblich, die für die NSDAP geleistete Arbeit zu berücksichtigen und entsprechend qualifizierte Kandidaten von einzelnen Prüfungen zu befreien, die bisher gefordert worden waren. Spezielle „Lehrerbildungsanstalten" nahmen 14jährige auf, die schon mit 18 oder 19 Jahren zur ersten Prüfung zugelassen wurden; die Jugendlichen trugen HJ-Uniform und taten HJ-Dienst.

Der Krieg brachte akuten Lehrermangel und gab der Hitlerjugend Gelegenheit, an der Reform der Lehrerbildung mitzuwirken, deren Ergebnis der „politische Lehrer" sein sollte. HJ-Führer und Schulleiter sollten bei den

113

Jugendlichen ihres Bereichs auf „Führereigenschaften" und „Lehrbefähigung" achten. Wer erstere Eigenschaften besaß, wurde aufgefordert, sich der Aufnahmeprüfung für eine der Eliteschulen des Dritten Reiches zu unterziehen; Jugendlichen mit letzter Befähigung wurde nahegelegt, Lehrer zu werden. Die Auswahl der Kandidaten für Lehrerbildungsanstalten erfolgte durch Hitlerjugend und Schulbehörden. Die Anstaltsieiter und die dort tätigen Erzieher sollten im Prinzip HJ-Führer sein, was sich wegen des Krieges mit seinem unersättlichen Menschenhunger nicht überall verwirklichen ließ. Die Junglehrer sollten Erzieher und HJ-Führer zugleich sein: „Gesammelt und gefestigt in einem Korps, ... ein Instrument nahe der politischen Führung, in ihre Hand gegeben zu der wichtigsten politischen Gestaltung, der am Menschen, so steht der Erzieherberuf vor der Nation."

Während diese Ideale ihrer Erfüllung harrten, mußte der Unterricht mit dem vorhandenen Lehrpersonal fortgeführt werden, und die Lehrpläne enthielten noch vieles, was die „Reformer" am liebsten gestrichen hätten. Vor dem Krieg bekamen die kirchlichen Schulen Hitlers Machtergreifung als erste zu spüren, denn sie wurden 1936 aufgelöst, was ein klarer Verstoß gegen das Reichskonkordat war. Ob diese Maßnahme für die Schüler ein Nachteil gewesen ist, bleibt Ansichtssache. Von nun an wurden evangelische und katholische Schüler gemeinsam unterrichtet und trennten sich einmal pro Woche für eine Stunde, um Religionsunterricht zu bekommen. Im gleichen Jahr wurden auf Werktage fallende kirchliche Feiertage als gesetzliche Feiertage gestrichen, und in den Schulen durfte an diesen Tagen nicht eigens gebetet werden. Zwei Jahre später hatten Beamte und Lehrer konfessionelle Berufsverbände zu verlassen.

Im Deutschunterricht wurden die Klassiker zugunsten des Studiums der Blutsgemeinschaft, der Schicksals- und Kampfgemeinschaft, der Arbeitsgemeinschaft und der Gesinnungsgemeinschaft des Volkes zurückgedrängt. Die ausgewählte Literatur sollte dazu dienen, die das Volk im gegenwärtigen Kampf einigenden Bande darzustellen. Aber für diesen Zweck geeignete Literatur war nur sehr schwer zu finden, so daß lediglich zwei Möglichkeiten blieben: Lektüre von Kriegsbüchern, die von Nationalsozialisten geschrieben oder von ihnen genehmigt waren, oder Rückkehr zu den Klassikern – mit Ausnahme der von deutschen Juden stammenden Werke.

Auch der Geschichtsunterricht war schwer betroffen, und alle Lehrbücher dieses Fachs wurden gründlich überarbeitet. Das erste Geschichtsbuch, das der Verfasser 1943 als Oberschüler in die Hand bekam, begann mit Adolf Hitler und endete mit Hannibal. Geschichte wurde ausschließlich politisch-militärisch gesehen und schilderte ein ständiges Ringen des deutschen Volkes um „innere und äußere Selbstbehauptung".

Der nationalsozialistische Geschichtsunterricht folgte bis zum Exzeß einer in der deutschen Geschichtsschreibung seit dem 19. Jahrhundert zu beobachtenden Tendenz, sich auf „weltgeschichtlich hervorragende Persönlichkeiten" zu konzentrieren. Geschichte ließ sich nun fast in Form politischer und militärischer Biographien

115

lehren. Zeitgeschichte, die schon in der ersten Klasse unterrichtet wurde, war einzig und allein die Geschichte der NSDAP mit starker Beimischung nationalsozialistischer Heldenverehrung und Mythologie. Und in den Richtlinien für den Geschichtsunterricht in Abschlußklassen von Oberschulen kam es noch schlimmer:

„Die Zeit von 1918 bis 1932 als Versuch, die westeuropäischen Ideen von 1789 in Deutschland zu verwirklichen. – Der politische Katholizismus als Verbündeter der marxistischen und kapitalistischen Internationale. – Ausbau der jüdischen Weltherrschaft in Deutschland und im bolschewistischen Rußland. Selbstauflösung des Parlamentarismus aus innerer Notwendigkeit, drohende Machtübernahme durch den Bolschewismus. Rettung durch Adolf Hitler und seine Bewegung."

Im Erdkundeunterricht ging es um „die großen Fragen des Grenz- und Auslandsdeutschtums, der Bevölkerungsbewegung, der Landesplanung und Raumordnung, der Rohstoffversorgung und Sicherung der Ernährung, der Autarkiebestrebung und Ausfuhrsteigerung, der Wehrhaftmachung, der politischen Führung des Deutschen Reiches im Kampf der Mächte um Lebensraum und Weltgeltung, sowie die Kolonialfrage ..."

Von den Naturwissenschaften war die Biologie am schlimmsten betroffen: Unbewiesene und absurde Theorien auf dem Gebiet der Rassenkunde fanden ihren Weg in die Schulbücher, um bei der deutschen Jugend den „Rassesinn" und das „Rassegefühl" zu wecken. Selbst Rechenaufgaben dienten dazu, die Schüler ideologisch zu beeinflussen: Die Frage „Wieviel Kinder muß eine Familie haben, damit der zahlenmäßige Bestand des

Volkes gesichert ist?" war keineswegs ungewöhnlich. Aber den Kindern wurden auch grausigere Aufgaben gestellt: „Ein Geisteskranker kostet täglich etwa 4 RM, ein Krüppel 5,50 RM, ein Verbrecher 3,50 RM. Nach vorsichtigen Schätzungen sind in Deutschland 300 000 Personen in Anstaltspflege. Wieviel Ehestandsdarlehen zu je 1000 RM könnten von diesem Geld jährlich ausgegeben werden?"

Da der „politische Erzieher" damals jedoch nicht in genügend großer Anzahl herangebildet werden konnte, blieb die Bildungsarbeit hauptsächlich denen überlassen, die sich ihr schon seit Jahrzehnten widmeten. Viele, wenn nicht sogar die meisten Lehrer waren nationalistisch eingestellt, aber überzeugte Nazis waren in der Minderheit. Meistens wurde den NS-Idealen nur Lippendienst erwiesen, bevor man sich – beispielsweise im Deutschunterricht – den deutschen Klassikern zuwandte oder aus Quellen schöpfte, aus denen die Lehrer vor 1914 oder zumindest 1933 geschöpft hatten.

Eine bedeutsame Begleiterscheinung dieses Widerspruchs zwischen Theorie und Praxis im Lehrberuf war ein Unsicherheitsgefühl bei den Lehrern – Angst vor dem Risiko, denunziert zu werden. Obwohl solche Fälle in Wirklichkeit sehr selten waren, mußte ein Deutschlehrer, der wegen des Mangels an NS-Material hauptsächlich über die deutschen Klassiker sprach, damit rechnen, deshalb von einem seiner Schüler zur Rede gestellt zu werden. Und dieses Unsicherheitsgefühl verstärkte sich noch durch das Bewußtsein – etwa im Biologieunterricht –, daß der Pflichtlehrstoff zum größten Teil Unsinn war.

117

Aus Unsicherheit entstand Ungewißheit, die zu einem Absinken des Unterrichtsniveaus führte. Als dazu noch der „totale Krieg" kam, der den größten Teil der deutschen Jugend in irgendeiner Form mobilisierte, als ganze Unterrichtstage ausfielen, damit Alteisen gesammelt werden konnte, als ganze Oberschulklassen Flakbatterien bemannten und nur noch in Angriffspausen unterrichtet wurden, konnte man kaum noch von einer systematischen Schulbildung sprechen.

Was für den Unterricht an Schulen galt, traf ebenso auf die Ausbildung an Universitäten zu. Die Universitäten waren schon vor 1933 und wahrscheinlich mehr als alle anderen Bildungsstätten Hochburgen des Nationalsozialismus gewesen. Schirachs Nationalsozialistischer Studentenbund strebte die Schaffung eines neuen Studententyps, eines neuen Professorentyps und einer neuen Lehre an. Die Gleichschaltung der Universitäten begann im Mai 1933, und um eine geistig gespaltene Nation zu einigen, war es wahrscheinlich vorteilhaft, die elitären Studentenverbindungen abzuschaffen und die barbarischen Mensuren zu verbieten.

Aber an die Stelle der Verbindungen trat der allumfassende NSDStB, dem jeder angehören mußte, der ein Universitätsstudium aufnehmen oder weiterführen wollte.

Der neue Studententyp hatte große Ähnlichkeit mit dem „neuen Typ des jungen Deutschen", den die Hitlerjugend hervorbringen wollte. Wie in den Schulen häuften sich auf den Universitäten die Klagen des Lehrkörpers über die weit übertriebene studienfremde Inanspruchnahme der Studenten, die sie vom Studium

118

ablenkte und zu einer allgemeinen Senkung des Leistungsniveaus führte.

Die Heranbildung eines neuen Professorentyps erwies sich als ebenso schwierig wie auf den unteren Ebenen des Bildungswesens. Auch in diesem Bereich erwies sich der „politische Erzieher" als unerreichbares Ideal, obwohl es natürlich Ausnahmen gab. Verwirklicht wurde eine rein negative Maßnahme: die Entlassung aller deutschen Professoren, die Juden oder „linkslastig" waren. Von November 1932 bis Juli 1933 verringerte die Zahl der deutschen Hochschullehrer sich um 7,5 Prozent. Bis Ende 1935 waren insgesamt 1684 deutsche Professoren entlassen worden – hauptsächlich (rund 62 Prozent) deutsche Juden. Der Weg zum „politischen Erzieher" war mit den Entlassungsschreiben vieler der berühmtesten deutschen Wissenschaftler, darunter auch Nobelpreisträger, gepflastert.

Was die Neuformulierung der „Lehrinhalte" betraf, blieb sie im Universitätsbereich ebenso nebulös wie im Oberschulbereich und schaffte es nie, den sie einengenden Wall unsinniger politischer Übertreibungen einzureißen.

Eliten

Zur Heranbildung einer Elite innerhalb der Hitlerjugend wurden zwei neue Schultypen geschaffen: „Nationalpolitische Erziehungsanstalten (NPEA oder „Napola") und „Adolf-Hitler-Schulen" (AHS). Während die NPEA dazu bestimmt waren, „eine Auslese deutscher Jungen durch eine allseitige harte nationalsozialistische Erziehung für einen vorbildlichen Dienst an Volk und Staat heranzubilden", erzogen in den AHS Parteiführer den Nachwuchs für die Partei.

Die am 17. Januar 1937 gegründeten AHS waren Einheiten der Hitlerjugend und wurden von ihr verantwortlich geführt. Die Schulen umfaßten sechs Klassen. Die Aufnahme erfolgte mit dem vollendeten 12. Lebensjahr – für Jungen, „die sich im Deutschen Jungvolk hervorragend bewährt haben und von den zuständigen Hoheitsträgern in Vorschlag gebracht werden". Die Ausbildung an den AHS war unentgeltlich und führte zur Reifeprüfung, nach der „dem Adolf-Hitler-Schüler jede Laufbahn der Partei oder des Staates" offenstand, im allgemeinen eine Fortsetzung der Ausbildung in einer der Ordensburgen.

Die Schulaufsicht über die Adolf-Hitler-Schulen führte der zuständige Gauleiter. Die Jungen bekamen keine Noten und wurden nicht versetzt, sondern traten

121

am Ende jedes Schuljahres in einen „Leistungswettstreit auf allen Erziehungsgebieten". Mit 18 Jahren bestanden die Schüler die Reifeprüfung und erhielten ein von Hitler verliehenes Diplom. Danach folgten Arbeits- und Wehrdienst sowie eine Berufsausbildung. Dann sollten die jungen Männer (die inzwischen geheiratet haben sollten) für dreieinhalb Jahre zu einem Führerlehrgang auf eine Ordensburg einberufen werden, nach dem sie sich in der Partei praktisch zu bewähren hatten. Die allerbesten Ordensjunker sollten in einer „Hohen Schule der NSDAP" für die Oberste Parteispitze ausgebildet werden. Diese Hohe Schule, die von Alfred Rosenberg geleitet werden sollte, wurde allerdings nie gebaut; der Krieg verhinderte dieses Projekt. Im Jahre 1938 wurden insgesamt neun Adolf-Hitler-Schulen gegründet, deren erste Abiturienten nach verkürzter Ausbildung 1942 die AHS verließen.

Im Gegensatz zu den Adolf-Hitler-Schulen, für die es kein Vorbild gab, reichten die Wurzeln der NPEA bis zu den von Friedrich Wilhelm I., der damit dem Beispiel Ludwigs XIV. folgte, zu Beginn des 18. Jahrhunderts in Preußen gegründeten Kadettenanstalten zur Ausbildung preußischer Offiziere zurück. Als Folge des Versailler Vertrags wurden die deutschen Kadettenanstalten auf Befehl der Alliierten 1920 aufgelöst, aber einige von ihnen existierten in der Weimarer Republik als „Staatliche Erziehungsanstalten" oder Privatinternate weiter, in denen die „Pflege der soldatischen Überlieferung" mit besonderem Nachdruck betrieben wurde.

Hitlers 44. Geburtstag am 20. April 1933 war Anlaß für die Gründung der ersten drei Nationalpolitischen

Erziehungsanstalten. 1934 folgten fünf weitere, und 1935 waren es sieben – in der Mehrzahl frühere Kadettenanstalten. Weitere neun NPEA wurden 1941 gegründet; ihnen folgten zwischen 1942 und 1944 insgesamt 18 Anstalten, davon zwei für Mädchen. Auch außerhalb Deutschlands entstanden NPEA, die dort „Reichsschulen" hießen: zwei in den Niederlanden in Valkenberg bei Maastricht und Heijthuijsen, eine in Belgien in Quatrecht bei Gent.

Während die Adolf-Hitler-Schulen reine „Parteischulen" waren, sollten die Nationalpolitischen Erziehungsanstalten den „politischen Soldaten" hervorbringen, der „an allen Fronten", das heißt in allen öffentlichen Bereichen, eingesetzt werden konnte. Im Gegensatz zur AHS war die NPEA keine Parteieinrichtung und deshalb auch nicht der NSDAP unterstellt; sie unterstand vielmehr Rusts Ministerium für Wissenschaft, Erziehung und Volksbildung, und ihr Lehrplan entsprach im wesentlichen dem anderer Oberschulen beziehungsweise Gymnasien. Weder Gauleiter noch andere Parteifunktionäre waren weisungsberechtigt, und die Hitlerjugend erhielt nur dadurch gewissen Einfluß, daß ab 1936 alle Napola-Schüler ins Deutsche Jungvolk oder die Hitlerjugend eintreten mußten.

Die Organisation innerhalb der Schulen war weitgehend militärisch orientiert. Es gab dort keine Klassen, sondern Züge und Kompanien, und jede Kompanie pflegte die Tradition eines berühmten deutschen Regiments. Aber während die Lehrer in den früheren Kadettenanstalten hauptsächlich Offiziere gewesen waren, gab es in den NPEA als Lehrer nur Zivilisten, die

123

mit den Schülern zusammenlebten. Der Versuch, das englische Public-School-System nachzuahmen, war zu erkennen, aber im Gegensatz zu englischen Internaten fehlte den NPEA die Klassenbasis. Ihre Schüler kamen aus allen Schichten in ganz Deutschland, und wenn die Eltern das Schulgeld nicht aufbringen konnten, wurde es im allgemeinen erlassen.

Der eigentliche Gründer der NPEA, Joachim Haupt, kam aus der deutschen Jugendbewegung und versuchte, ihre Traditionen in die Napola einzubringen. August Heißmeyer, der zweite Inspekteur der NPEA, kam ebenfalls aus der Jugendbewegung, und in den ersten Jahren hatten bei der Lehrereinstellung Kandidaten, die in den Jugendbünden aktiv gewesen waren, deutlich bessere Chancen als andere, die Jugendarbeit nur aus Parteigliederungen kannten.

In der Aufbauphase der NPEA genossen die Schulleiter beträchtliche Freiheiten bei der Auswahl ihrer Lehrer, die sie eher nach akademischen als nach politischen Gesichtspunkten bewerteten. Obwohl Hitlers Forderung nach in erster Linie körperlicher Ertüchtigung nicht ganz außer acht gelassen werden konnte, hatte man sich vorgenommen, die Traditionen des Kadettenkorps des Kaiserreichs mit denen englischer Internatsschulen – oder vielmehr mit dem, was man sich darunter vorstellte – zu verschmelzen. Nationalsozialistische Pädagogen begriffen das englische Public-School-System als auf einer klar definierten, straff organisierten Gemeinschaft basierend und verglichen ihr eigenes System zur Heranbildung einer Elite folgendermaßen mit dem der Engländer:

„Der Knabe wird in recht jungem Alter der verzärtelnden Fürsorge des Elternhauses entrissen und wird es zunächst nicht einfach finden, sich durchzusetzen. Allein die Notwendigkeit, sich zu behaupten, wird in der Regel auch entsprechende Kräfte bei ihm wecken und bei ihm eine gewisse Härte und Sicherheit, eine Stählung seines Willens bewirken.

Durch das streng autoritär durchgegliederte Präfekten- und Fagging-System wird er daran gewöhnt, zu gehorchen und zu befehlen und stufenweise in immer neue Rechte der auf dem Autoritätsprinzip beruhenden Selbstverwaltung einzutreten... Die Public Schools sind also ausgesprochene Prägeformen, in denen der Einzelschüler zu einem einheitlichen nationalen Typ der gebundenen Lebensform gebildet wird.

Unsere neuesten deutschen Erziehungsbestrebungen in den Nationalpolitischen Erziehungsanstalten... laufen, wie mir scheint, auf die Nutzbarmachung ganz ähnlicher Erziehungsgrundsätze hinaus. Wie die Public Schools in England sollen sie ganz ausgesprochen Eliteschulen sein, in denen der Führernachwuchs herangebildet wird. Das Prinzip der internatsmäßigen Gemeinschaftserziehung wird hier ebenfalls ganz wesentlich mit den Mitteln des gemeinschaftlichen Sportes, überhaupt des gemeinschaftlichen körperlichen wie geistigen Trainings durchgeführt. Der Mannschaftskampf wird heute höher gewertet als die sportliche Einzelleistung. Bei dieser Betonung einer gesunden Lebensführung werden die früheren Schäden stofflicher Wissensüberfütterung ausgemerzt...

Das bedeutet natürlich nicht, daß sie nicht einen

regelmäßigen und gründlichen Unterricht vermitteln. Straffung und Zielstrebigkeit werden dabei durch den so wesentlichen Gedanken der ganzheitlichen Gestaltung, d. h. der Ausrichtung nach großen leitenden Ideen erzielt. Stärkung des Geschichtsbewußtseins, des Deutschbewußtseins, der volkhaften Gesinnung, Weckung des Gedankens der Volksgemeinschaft, durch ein solches im weiteren Sinne ‚politisches‘ Denken wird eine organische Gesamtschau bewirkt. Diese wiederum setzt einen organischen Aufbau des Lehrplans voraus ...

Lehrer und Schüler stellen an den genannten deutschen Schulen ohnehin eine Auswahl dar, die Rücksicht auf Haltung und Charakter ist entscheidend. Das Ausbildungsziel ist die charakterliche, zum Gemeinschaftsdenken erzogene Führerpersönlichkeit. Wie in den Public Schools ist das autoritäre Prinzip unentbehrlich. Es ermöglicht eine ähnliche Durchgliederung nach Selbstverwaltungsformen, wie sie heute den großen bündischen Formationen eigen ist. Die Lehrenden sind dabei jeweils Mannschafts- und Abteilungsführer, sind also mit dem gesamten, auch sportlichen Lebenszusammenhang der Schulgemeinschaft aufs engste verbunden. Es ist ersichtlich, daß aus der Pflege der Gemeinschaftsformen bei aller Wahrung des Autoritätsprinzips sich rechte Kameradschaft ergeben muß zwischen den Schülern und ihren auch nicht durch allzu große Altersunterschiede getrennten Lehrern. Das Tutor-System hat damit auch eine deutsche Entsprechung gefunden."

Einerseits wurde großer Wert auf Pflichtbewußtsein, Mut und Aufrichtigkeit gelegt, andererseits wurden die Eigenschaften eines „Kolonialherren" gefördert – kühle

126

Überlegenheit, tadellose Manieren, einwandfreies Auftreten –, während gleichzeitig völlige Hingabe an die nationalsozialistische „Ideologie" verlangt wurde. Aus dem Dreiklang dieser Bildungsziele würde eine neue Führerschicht entstehen, die nicht einer, sondern allen gesellschaftlichen Klassen Deutschlands entstammte.

Die Nationalpolitischen Erziehungsanstalten versuchten, die dreifache Erziehungsaufgabe von Schule, Hitlerjugend und Elternhaus zu übernehmen und erwarteten von allen Schülern gehobene schulische Leistungen.

Die Aufsicht über die NPEA führte der Minister für Wissenschaft, Erziehung und Volksbildung, dessen Personalabteilung auch für alle Beförderungen innerhalb des Lehrkörpers zuständig war. Auf dem Papier wurden die Lehrer von Hitler persönlich berufen, aber das war eine bloße Formalität, denn die Lehrer mußten normalerweise für den Dienst an Oberschulen qualifiziert sein.

Joachim Haupt, der in der Weimarer Republik Studienleiter in der Staatlichen Erziehungsanstalt Plön gewesen war, unterstrich die Bedeutung des für diese Schulen gewählten Namens. „Nationalpolitisch" sollte auf starke Bindungen zwischen Schule und Staat hinweisen – statt zwischen Schule und NSDAP, wie es die Bezeichnung „Nationalsozialistisch" getan hätte. Indem er den Schulen eine von der Partei unabhängige Identität verlieh, hoffte er, dem Anspruch, daß Jugend von Jugend geführt werden müsse, Geltung verschaffen zu können. Gleichzeitig beschränkte er diesen Anspruch jedoch selbst, indem er darauf hinwies, daß eine dem Staat nützliche politische Erziehung nur von Erwachsenen vermittelt werden könne.

Schirach betrachtete Haupt sofort als möglichen Rivalen und nutzte die Säuberung am 30. Juni 1934, um ihn loszuwerden. Haupt hatte noch das Glück, nicht das Schicksal Röhms und anderer teilen zu müssen. Ursprünglich war geplant gewesen, daß jeder Lehrer oder Studienleiter nicht nur Beamter sein, sondern auch einen entsprechenden SA-Dienstgrad aufweisen sollte. Nach dem Röhmputsch wurde dieser Gedanke zunächst fallengelassen, bis Haupts Nachfolger, August Heißmeyer, ihn mit einer bedeutsamen Veränderung wiederaufgriff: Die Lehrer gehörten nun nicht mehr zur SA, sondern erhielten die ihrer Stellung entsprechenden SS-Dienstgrade.

Schirach war nicht der einzige, der die NPEA unter seine Kontrolle zu bringen versuchte. Die von den Schülern getragenen Uniformen waren Beweis für den Einfluß von Heer, Luftwaffe und Marine auf die Napolas. Im Laufe des Krieges wurden Uniformen ausgegeben – allerdings nicht in allen NPEA –, die denen der Waffen-SS glichen: das Feldgrau etwas dunkler als das Feldgrau der Heeresuniformen, der Adler auf dem linken Ärmel statt am Kragen. Wer in dieser Uniform in alliierte Kriegsgefangenschaft geriet, mußte sich auf mehrere Monate Lager gefaßt machen – selbst Elf- und Zwölfjährige.

Das Auswahlverfahren für Schüler der NPEA wurde von Rust festgelegt und im Oktober 1937 durch Ministerialerlaß bekanntgemacht, in dem es hieß:

„Ich lege großen Wert darauf, daß den Nationalpolitischen Erziehungsanstalten deutsche Jungen zugeführt werden, die nach ihrer Haltung und Fähigkeit den

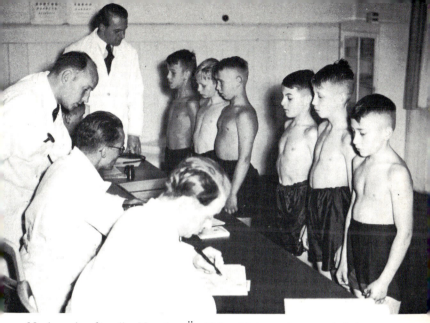

Nachwuchs für die Napola: Ärztliche Untersuchungen leiteten alljährlich die Auswahl ein. Die Auswahl war streng: Von 400 Anwärtern kamen nur 100 in die engere Wahl. Davon blieben lediglich noch 33.

Soldaten der Zukunft: Jungen einer Adolf-Hitler-Schule beim Vorbeimarsch an ihrem „Führer" auf dem Obersalzberg bei Berchtesgaden.

„Deutschland ist da, wo starke Herzen sind": Himmler gewährte auch ausländischen Schülern Zugang zu einer der Reichsschulen.

Schießübungen in einem Sommerlager der Hitlerjugend.

Schießübungen an einer Adolf-Hitler-Schule: Das paramilitärische Training der Hitlerjugend wurde verstärkt, als der Krieg ausbrach.

Hitlerjugend beim Einsatz in Osteuropa: Sie schwärmten auf Geheiß ihrer Führer aus, um junge „Rassedeutsche" zu organisieren.

Hans und Sophie Scholl: Sie gehörten dem Widerstandskreis der „Weißen Rose" in München an. Bei einer Flugblattaktion wurden sie verhaftet und von der Gestapo zusammen mit weiteren Widerstandskämpfern hingerichtet.

besonderen Anforderungen dieser Anstalten entsprechen, und ordne deshalb an:

1. Die Volksschulen haben diejenigen Jungen des dritten und des vierten Schuljahres, die für eine Nationalpolitische Erziehungsanstalt geeignet erscheinen, zum 1. November jedes Jahres dem Kreisschulrat zu melden. Der Kreisschulrat reicht die Vorschläge der nächstliegenden Nationalpolitischen Erziehungsanstalt auf dem Dienstwege weiter. Ein entsprechendes Verzeichnis ist beigefügt.

2. Den Leitern der Nationalpolitischen Erziehungsanstalten oder ihren Beauftragten sowie den Vertretern der Landesverwaltung der Nationalpolitischen Erziehungsanstalten in Preußen ist zu ermöglichen, die genannten Volksschulklassen im Unterricht zu besuchen und auch an den höheren Schulen den Aufnahmeprüfungen für die Sexta informatorisch beizuwohnen."

Selbstverständlich wurde die Auswahl auch nach „rassischen" Gesichtspunkten getroffen, und körperlich Behinderte waren ebenfalls ausgeschlossen. Das waren die einzigen Hindernisse, die ein Bewerber überwinden mußte. Die finanziellen Verhältnisse und die gesellschaftliche Stellung der Eltern spielten keine Rolle. Auch für die Aufnahme von „Spätentwicklern" war Vorsorge getroffen. Die NPEA konnten es sich leisten, bei der Auswahl ihrer Schüler strenge Maßstäbe anzulegen. Nur wer rassisch einwandfrei, körperlich gesund, charakterlich sauber und geistig leistungsfähig war, wurde aufgenommen.

Eine Vorauswahl wurde jedes Jahr ab Oktober durch den Schularzt und mehrere Lehrer der NPEA an den

Schulorten der Bewerber getroffen. Im Durchschnitt gingen bei jeder Napola jährlich 400 Bewerbungen ein, aber nur etwa 100 Kandidaten wurden zur Aufnahmeprüfung zugelassen, die von ungefähr einem Drittel bestanden wurde.

Mit der Entscheidung, einen Volksschüler für die Aufnahme in eine NPEA vorzuschlagen, hatten seine Eltern nicht das geringste zu tun. Im Falle des Verfassers kam dieser Vorschlag vom Schulleiter, der gleichzeitig auch Ortsgruppenleiter war. Meine verwitwete Mutter, deren Ältester bereits in Rußland kämpfte, ging zu dem Schulleiter und wandte ein, daß man ihr unter diesen Umständen nicht zumuten könne, sich auch noch von ihrem Jüngsten zu trennen.

„Gute Frau", antwortete der Schulleiter, „Sie müssen mit der Zeit gehen. Ihr Sohn ist nicht Ihr Privateigentum, über das lediglich Sie verfügen können. Er ist Ihnen ausgeliehen, aber er gehört dem deutschen Volk. Einwände dagegen, daß sein Name für eine Eliteschule vorgeschlagen wird, kommen einer Beleidigung von Führer und Reich gleich." Der Protest meiner Mutter blieb vergeblich.

Die Aufnahmeprüfung fand in einer NPEA statt und dauerte eine Woche. Es gab Unterschiede von Schule zu Schule, aber im allgemeinen wurde vormittags vier Stunden lang geprüft: Aufsatz, Diktat, Rechnen und mündliche Prüfungen in den Hauptfächern sowie Kurzarbeiten in Geschichte, Erdkunde, Biologie und Allgemeinbildung. Nachmittags waren Leibesübungen an der Reihe: Schwimmen (oder eine „Mutprobe" für Nichtschwimmer, die am tiefen Ende ins Schwimmbecken

130

gestoßen wurden), Leichtathletik, Hindernislauf und eine Geländeübung, zu der Kartenlesen gehörte. Nachts fanden weitere Übungen statt, die oft paramilitärischen Charakter hatten. So konnte es um die Einnahme einer von einer anderen Gruppe verteidigten Brücke im Wald gehen, oder die Jungen wurden nachts von einem Motorradgespann irgendwo abgesetzt und sollten bis Tagesanbruch zurück sein.

Dieses Auswahlverfahren sollte dafür garantieren, daß begabte Schüler aus allen Gesellschaftsschichten in die NPEA aufgenommen wurden. Auch hier ist das statistische Material dürftig, aber in Oranienstein existierende Unterlagen zeigen folgende Verteilung bei den 1938 aus diesem Gebiet stammenden Schülern: Bei insgesamt 82 Jungen waren neun Väter Arbeiter, sieben kaufmännische Angestellte (keine Führungskräfte), 20 Beamte, fünf Lehrer, 20 freiberuflich Tätige, acht Offiziere und Partei-(SA-)Führer, sechs Handwerker, drei Bauern und vier Ärzte.

Die Auswahlausschüsse scheinen die Söhne „alter Kämpfer" und im Krieg Gefallener oder Schwerverwundeter bevorzugt zu haben, aber das Beispiel Oranienstein läßt den Schluß zu, daß in der Praxis keine dieser beiden Gruppen sonderlich stark davon profitierte. Unter den 1943 in Bensberg bei Köln Aufgenommenen befand sich kein einziger Schüler, dessen Vater NSDAP-Mitglied war, aber die meisten von ihnen hatten an der Front gestanden.

Das Schulgeld wurde nach dem Einkommen der Eltern festgesetzt und reichte von 20 bis 150 Reichsmark pro Monat. In den ersten sechs Jahren nach Gründung der Nationalpolitischen Erziehungsanstalten waren Freiplätze und Stipendien selten; nach Kriegsausbruch nahm ihre Zahl jedoch rasch zu, so daß 1943 in Bensberg nur drei Schüler überhaupt noch Schulgeld zahlten. Das gleiche galt für Hefte, Schulbücher und so weiter: Anfangs mußten die Eltern sie ganz oder teilweise bezahlen, später gab es sie kostenlos.

Die militärischen Erfolge der Deutschen bis zum Herbst 1942, die ein Großdeutsches Reich in greifbare Nähe zu rücken schienen, wirkten sich auf die Erziehungsvorstellungen führender Männer des Dritten Reiches aus – insbesondere auf ihre Vorstellung von der Heranbildung einer zukünftigen Elite. Am 10. Dezember 1940 sprach Hitler in Berlin auf einer Großkundgebung vor Rüstungsarbeitern auch über Eliteschulen:

„Denn Sie wissen: Wir haben Nationalpolitische Erziehungsanstalten und Adolf-Hitler-Schulen. In diese Schulen holen wir die talentierten Kinder herein, die Kinder unserer breiten Masse, Arbeitersöhne, Bauernsöhne, deren Eltern es niemals bezahlen könnten, daß ihre Kinder ein höheres Studium mitmachen. Die kommen hier allmählich herein und werden hier weitergebildet...

Wir haben hier große Möglichkeiten geschaffen, diesen Staat so ganz von unten her aufzubauen. Das ist unser Ziel, und das ist auch – das kann ich Ihnen sagen, meine Volksgenossen – unsere ganze Lebensfreude.

Es ist etwas Herrliches, für ein solides Ideal kämpfen zu dürfen.

Es ist so wunderbar, daß wir uns sagen dürfen: Wir haben ein fast phantastisch anmutendes Ziel; uns schwebt ein Staat vor, in dem in Zukunft jede Stelle vom fähigsten Sohn unseres Volkes besetzt sein soll, ganz gleichgültig, wo er herkommt. Ein Staat, in dem die Geburt gar nichts ist und Leistung und Können alles! Das ist unser Ideal, für das wir nun arbeiten und für das wir uns mit unserem ganzen Fanatismus einsetzen. Es ist für uns, ich darf sagen, dies die schönste Glückseligkeit. Das ist die größte Freude auf dieser Welt, die uns gegeben werden könnte.

Dem steht nun ein anderes Gebilde gegenüber, eine andere Welt. Dort ist das letzte Ideal immer wieder doch der Kampf um das Vermögen, um das Kapital, der Kampf für den Familienbesitz, der Kampf für den Egoismus des einzelnen. Alles andere bleibt dabei nur ein Mittel zum Zweck. Das sind die beiden Welten, die sich heute gegenüberstehen!

Wir wissen genau, wenn wir in diesem Kampf unterliegen, dann wäre dies das Ende nicht nur unserer sozialistischen Aufbauarbeit, sondern das Ende des deutschen Volkes überhaupt. Denn ohne diese Zusammenfassung unserer Kraft können eben diese Menschen gar nicht ernährt werden. Das ist heute eine Masse von über 120, 130 Millionen, die davon abhängig ist, darunter allein 85 Millionen unseres eigenen Volkes. Das wissen wir. Die andere Welt dagegen sagt: ‚Wenn wir verlieren, dann bricht unser weltkapitalistisches Gebäude zusammen. Denn wir haben das Gold gehortet. Es liegt in unseren Kellern und hat dann keinen Wert mehr. Denn wenn diese Idee unter die Völker kommt, daß die Arbeit das Entscheidende ist, was dann? Dann haben wir unser Gold umsonst gekauft. Unser ganzer Weltherrschaftsanspruch kann nicht mehr aufrechterhalten werden. Die Völker werden die Finanzdynastien beseitigen. Sie werden dann mit sozialen Forderungen kommen. Es wird ein Welteinsturz erfolgen.'

Ich verstehe daher auch, wenn sie erklären: ,Das wollen wir unter allen Umständen verhindern, das wollen wir vermeiden.' Sie sehen ganz genau, wie sich der Aufbau unseres Volkes vollzieht. Dort ein Staat, der regiert wird von einer dünnen Oberschicht. Diese schickt ihre Söhne von vornherein in die eigenen Erziehungsanstalten, zum Beispiel das Eton-College. Auf unserer Seite sind die Adolf-Hitler-Schulen und die Nationalpolitischen Erziehungsanstalten. Zwei Welten. In einem Fall die Kinder des Volkes, im anderen Fall nur die Söhne dieser Geldaristokratie, dieser Finanzmagnaten.

Das sind zwei Welten. Ich gebe zu, eine der beiden Welten muß zerbrechen, entweder die eine oder die andere. Aber wenn wir zerbrechen müßten, würde mit uns das deutsche Volk zerbrechen. Wenn die andere Welt zerbricht, bin ich der Überzeugung, würden die Völker überhaupt erst frei werden."

Diese Hitlerrede löste eine Gründungswelle für neue NPEA aus, die von 1941–44 vor allem in den Grenzgebieten des Deutschen Reiches wie Pilze aus dem Boden schossen. Militärische Erfolge begünstigten Visionen von einer „Herrenrasse". An die Stelle der Notwendigkeit, dem deutschen Volk Lebensraum zu sichern und alle Deutschen im Herzen Europas zusammenzuführen, trat jetzt die Idee eines auf den Schultern der germanischen Rasse ruhenden Großreichs.

Am 5. April 1942 erklärte Himmler beim Abendessen

im Führerhauptquartier, das französische Problem sei seiner Ansicht nach am besten dadurch zu lösen, daß man Jahr für Jahr eine bestimmte Anzahl rassisch einwandfreier Kinder, die aus der germanischen Bevölkerung Frankreichs stammten, nach Deutschland schaffe. Es sei notwendig, diese Kinder in sehr jungen Jahren in deutschen Erziehungsanstalten unterzubringen, sie ihrer französischen Nationalität, die ohnehin nur ein Zufall sei, zu entwöhnen, in ihnen das Bewußtsein ihrer germanischen Abstammung zu wecken und ihnen auf diese Weise den Begriff ihrer Zugehörigkeit zur großen germanischen Völkergemeinschaft einzuimpfen. Hitler versprach sich nicht allzu viel von dieser Politik. Er antwortete, die Masse des französischen Volkes habe „kleinbürgerliche" geistige Neigungen, so daß es geradezu ein Triumph wäre, wenn es gelänge, die Elemente germanischer Abstammung dem Zugriff der dort herrschenden Klasse zu entreißen.

Der Reichsführer SS sprach dann von der geplanten Gründung dreier Nationalpolitischer Erziehungsanstalten in den Niederlanden – zwei für Jungen, eine für Mädchen –, die „Reichsschulen" heißen sollten, womit Hitler einverstanden war. Ein Drittel der Schüler sollten Holländer, zwei Drittel Deutsche sein. Nach gewisser Eingewöhnungszeit müßten die Niederländer an deutsche NPEA versetzt werden. Um die Garantie zu haben, daß der Unterricht ausschließlich die Ziele des germanischen Reiches förderte, hatte Himmler darauf verzichtet, von den Niederlanden einen Unkostenbeitrag zu verlangen, und statt dessen Schwarz (den Reichsschatzmeister der NSDAP) aufgefordert, einen bestimmten Betrag

135

ausschließlich für diese Schulen bereitzustellen. Auch in Norwegen war die Gründung ähnlicher Schulen geplant, die ebenfalls nur mit Parteimitteln finanziert werden sollten.

„Wenn wir verhindern wollen", führte Himmler aus, „daß germanisches Blut in die herrschenden Klassen der Völker dringt, die wir dominieren und die sich dann gegen uns wenden können, müssen wir stufenweise diese wertvollen germanischen Elemente dem Einfluß unserer Erziehung zuführen."

Hitler stimmte diesem Standpunkt zu: „Auf jeden Fall dürfen wir nicht den Fehler machen, in die Wehrmacht Ausländer aufzunehmen, die uns als wertvolle Kameraden erscheinen, bevor sie nicht beweisen können, daß sie der Idee eines germanischen Reiches verschrieben sind."

Ähnliche rassische Auswahlkriterien und Ausbildungsgrundsätze sollten für NPEA in allen übrigen von Deutschen besetzten Gebieten gelten. Aber außer den NPEA in den Niederlanden und in Belgien wies die Napola Rufach im Elsaß als einzige einen größeren Anteil nicht reichsdeutscher Schüler auf: hauptsächlich Volksdeutsche aus Südtirol, Bessarabien und der Bukowina. Grundsätzlich sollte jeder in eine Reichsschule oder Napola Aufgenommene – ob Reichsdeutscher oder Nichtdeutscher, ob Ost- oder Westeuropäer – später die gleichen Aufstiegschancen haben. Ob dieses Prinzip der Chancengleichheit sich jemals in der Praxis durchgesetzt hätte, ist eine Frage, die niemals beantwortet zu werden brauchte.

Ob ohne Himmlers direkten Einfluß ab 1941 so viele NPEA gegründet worden wären, ist zweifelhaft. Die

136

Adolf-Hitler-Schulen standen außerhalb des vom Ministerium für Wissenschaft, Erziehung und Volksbildung kontrollierten Bereichs, aber die NPEA blieben ein integraler Bestandteil des deutschen Schulsystems. Himmler baute seinen Einfluß auf die NPEA langsam, aber stetig und unmerklich aus. Anfangs erschien er lediglich als Ehrengast bei ihren Gründungsfeiern, aber später erklärte er sich im Namen der SS bereit, die Kosten für die Anschaffung von Uniformen und Lehrmaterial zu übernehmen.

Mit der Ernennung Heißmeyers zum Inspektor der Nationalpolitischen Erziehungsanstalten war der erste SS-Gruppenführer im NPEA-System in Erscheinung getreten. Das verschaffte Himmler einen taktischen Vorteil gegenüber der Wehrmacht, durch den er die NPEA in den Griff bekommen und beeinflussen wollte. Die Wehrmacht hatte vorgeschlagen, Unteroffiziere und Offiziere als Ausbilder einzusetzen, aber auf Himmlers Anweisung lehnte Heißmeyer diesen Vorschlag ab. Statt dessen wurden Offiziere der Waffen-SS zur Überwachung der Ausbildung in die NPEA entsandt.

Ab 1941 überwachte die SS auch den „rassischen" Aspekt des Auswahlverfahrens. Aber Heißmeyer hatte – trotz seiner Stellung als SS-Führer und obwohl er ein überzeugter Nationalsozialist war – eigene Vorstellungen über die Führung der NPEA und die für sie am besten geeigneten Lehrer. Die verhältnismäßig große Unabhängigkeit, die er Schulleitern und Lehrern zubilligte, war seiner Meinung nach nur zu wahren, solange sie Rusts Ministerium unterstanden, anstatt ausschließlich der SS unterstellt zu sein.

137

Diese Auffassung brachte Heißmeyer in Konflikt mit Himmler und SS-Gruppenführer Berger, dem Verfechter einer „germanischen SS". Die Reichsschulen außerhalb Deutschlands wurden schließlich dem SS-Hauptamt direkt unterstellt, während die NPEA weiterhin Heißmeyer unterstanden, der allerdings den Auftrag hatte, möglichst dafür zu sorgen, daß alle seine Abiturienten freiwillig in die Waffen-SS eintraten.

Auch damit waren nicht alle Streitpunkte aus der Welt geschaffen, denn die Unabhängigkeit der NPEA-Leiter gab ihnen die Möglichkeit, „unerwünschte" Lehrbeauftragte abzulehnen – zum Beispiel vom SS-Hauptamt vorgeschlagene SS-Führer. Heißmeyer saß nun zwischen den Stühlen. Rust verdächtigte ihn, im Auftrag Himmlers Intrigen zu spinnen, und Himmler warf ihm vor, er fördere die Interessen der SS nicht genügend.

Als das innerdeutsche Machtverhältnis sich im Laufe des Krieges immer mehr zugunsten der SS verschob und ihr die Vorherrschaft sicherte, wurden ab 1942 zahlreiche erfahrene Napola-Lehrer zur Wehrmacht eingezogen und durch SS-Leute ersetzt. Rust verlor zwangsläufig immer mehr an Boden, und diese Tatsache wurde im Dezember 1944 bestätigt, als Hitler durch einen speziellen Führerbefehl Himmler die Aufsicht über alle Schulen übertrug, aus denen in Zukunft Offiziere und SS-Führer hervorgehen sollten.

Die Lehrpläne der einzelnen NPEA wiesen beträchtliche Unterschiede auf, aber in der Oberstufe waren vier Wochenstunden Deutsch, drei Stunden Geschichte, zwei Stunden Erdkunde, vier Stunden Latein, fünf Stunden Englisch, drei Stunden Mathematik, zwei Stunden

Zeichnen, eine Stunde Religion, eine Stunde Musik und fünf Stunden Sport vorgesehen.

Im Gegensatz zur Stundenplangestaltung der traditionellen höheren Schulen, an denen vormittags unterrichtet wurde, während die Nachmittage für Hausaufgaben und Sport freiblieben, begannen die NPEA um acht Uhr mit zwei Unterrichtsstunden, denen drei Stunden Sport folgten – zum Beispiel Geländespiele, Reiten, Segeln oder (für die Oberstufe) Fahrstunden. Die Nachmittage waren ähnlich eingeteilt: Sie begannen mit Hauptfächern und endeten mit Musik, Zeichnen oder Sport. Dadurch sollten die Schüler erkennen, daß Bildung nicht lediglich aus angelesenem Wissen, sondern aus dem Zusammenwirken intellektueller, körperlicher, künstlerischer und politischer Fähigkeiten entstand.

Die innerschulischen Beziehungen zwischen Schülern und Lehrern wickelten sich in militärischen Formen ab. Die politische Betätigung der Schüler erfolgte im Deutschen Jungvolk oder in der Hitlerjugend. Schon im ersten Jahr wurden die Napola-Schüler dazu angehalten, sich an den Aktivitäten der umliegenden Gemeinden zu beteiligen. Während die Jüngeren beispielsweise bei der Getreide- oder Kartoffelernte halfen oder Obst pflückten, wurden die Älteren zur Arbeit in Fabriken, Gießereien oder Bergwerke geschickt. Die Beurteilungen, die jeder „Jungmann" bei solchen Arbeitseinsätzen erhielt, waren für sein Abschlußzeugnis ebenso wichtig wie seine schulischen oder sonstigen Leistungen.

Wichtig für die Förderung des „Gemeinschaftsgeistes" waren die häufigen Schulfeiern an staatlichen Feiertagen, die mit beträchtlichem Aufwand begangen wurden, oder – während des Krieges – die Trauerfeiern für ehemalige Schüler, die gefallen waren. Die geheimnisvolle Anziehungskraft der hell brennenden Holzfeuer im Napola-Innenhof wirkte auf den einzelnen Schüler ebenso faszinierend wie die Lagerfeuer von früher und gab ihm das Gefühl, „dazuzugehören": „Du bist nichts, dein Volk ist alles!"

Vor dem Krieg gehörte zu den großen Attraktionen des letzten Schuljahres ein Schüleraustausch mit einer ausländischen Schule. Schüler von St. Paul's in London besuchten Oranienstein, das seine eigenen Schüler nach London schickte. Die deutschen Berichte über England sind eine aufschlußreiche Lektüre. Sie unterstreichen die große Bedeutung von Traditionen auf der einen und die fehlende Härte bei Spielen auf der anderen Seite. Am meisten schienen sie sich darüber zu wundern, wie „schlecht informiert" die Engländer über Hitlers Deutschland waren und wie sehr sie der „deutschfeindlichen Propaganda" glaubten. Auch aus Harrow kamen 1936 Schüler nach Oranienstein. Ein deutsch-englisches Fußballspiel endete unentschieden, aber die Engländer blieben im Fechten Sieger. Auch Dauntsey's School in West Lavington gehörte zu den Schulen, die sich an dem Napola-Austauschprogramm beteiligten. Aber die eingereichten Berichte glichen sich inhaltlich weitgehend: Sie schilderten den freundlichen Empfang, das Geschichtsbewußtsein des Durchschnittsengländers, die allgemeine Hilfsbereitschaft – und starke Feindseligkeit auf rein politischer Ebene. Die englische Presse wurde im allgemeinen als „deutschfeindlich" eingestuft, wobei bemerkenswerterweise die „Times" als Ausnahme galt.

Dieser Schüler- und Lehreraustausch wurde bis 1938 fortgesetzt. Ein englischer Lehrer berichtete folgendes über seine Eindrücke: „Ich habe das ganze vergangene Jahr in einer dieser NAPOLAs verbracht und viele andere Internate in Deutschland besucht. Ich möchte nun kurz schildern, welches Leben die Jungen dort führen. Erstens müssen die Jungen rassisch einwandfrei sein. Zweitens müssen sie körperlich leistungsfähig sein – die geforderte körperliche Belastbarkeit liegt ungewöhnlich hoch. Und drittens müssen sie einigermaßen offen und ehrlich ausehen (dazu genügt es allerdings oft schon, blondes Haar und blaue Augen zu haben). In England hören wir ständig, der Sportsmann sei Vorbild und nachahmenswertes Beispiel. In Deutschland ist es der Soldat: Die Jungen lernen, das Leben in soldatischer Haltung zu meistern.

Der Sport nimmt einen sehr großen Teil des Tagespensums ein. Es gibt keine Spezialisierung. Man will keine Rekordbrecher heranzüchten, sondern Jungen, die in möglichst vielen Sportarten Gutes leisten. Die Deutschen verlangen im wesentlichen zweierlei von jeder Sportart: Erstens muß sie die körperliche Entwicklung wirksam fördern, und zweitens muß sie ein Kampfsport sein – das heißt, daß sie dem Kampfgeist weite Betätigungsmöglichkeiten geben muß..."

Nach dem letzten Schuljahr, das mit dem Abitur abschloß, folgten für die NPEA-Absolventen Arbeitsdienst und Wehrdienst. Danach mußten sie sich entscheiden, ob sie Berufsoffizier, Parteiführer, Beamter oder Akademiker werden wollten. Wer sich nicht für die Offizierslaufbahn entschied, studierte anschließend,

141

wobei erwartet wurde, daß er sein Studium mit einer Promotion abschloß. Allerdings verhinderte der Lauf der Ereignisse diesen planmäßigen Werdegang, und die ersten Absolventengruppen wurden sofort von der Wehrmacht aufgenommen, wo sie bald als ausgezeichnetes „Offiziersmaterial" galten.

Himmlers SS brauchte nicht lange, um in den NPEA erfolgreich die Werbetrommel für die Waffen-SS zu rühren, und mit Himmlers wachsendem Einfluß machten sich Tendenzen bemerkbar, die es vor 1940 nicht gegeben hatte. Die Schüler der Oberstufe erhielten durch SS-Führer aus dem SS-Hauptamt spezifisch antireligiösen Unterricht, der regelmäßig mit der mehr oder weniger deutlichen Aufforderung an die Schüler endete, aus ihrer Kirche auszutreten. Bei der Auswahl neuer Bewerber wurden die rassischen Kriterien noch stärker berücksichtigt. Napola-Bewerber wurden jetzt ausschließlich von SS-Ärzten untersucht, die auch Schädelmessungen vornahmen.

Ältere Schüler von NPEA in den deutschen Ostgebieten wurden auf Kurzreisen in die besetzten osteuropäischen Gebiete geschickt. Nach ihrer Rückkehr mußten sie einen ausführlichen Reisebericht schreiben. Ein erhalten gebliebener Bericht vom August 1941 schildert den Einsatz von NPEA-Erntehelfern im annektierten Warthegau.

Der Verfasser beklagte die viel zu große Abhängigkeit deutscher „Siedler" von polnischen Arbeitskräften, die von den Polen dazu ausgenutzt werde, die Löhne in die Höhe zu treiben. Ein Siedlungsaufseher wurde lobend erwähnt, weil er den Polen mit Stock und Reitpeitsche die einzig wirksame Lektion erteilt habe. Um die Abhängigkeit von polnischen Landarbeitern zu verringern, wurde eine stärkere Mechanisierung der Anbau- und Erntemethoden empfohlen. Die Polizei wurde wegen grober Pflichtverletzung streng getadelt; ebenfalls kritisiert wurde ein SS-Baustab, der polnische Arbeiter zum Bau von Straßen und Brücken anstellte und dann praktisch unbeaufsichtigt ließ.

Nach Ansicht des Verfassers zahlte die SS viel zu hohe Löhne, und die Polen schienen diese Gelegenheit zu nutzen, indem sie entsprechend langsam arbeiteten. Auf dem Programm stand auch ein Besuch des jüdischen Gettos in Litzmannstadt, dessen Anblick die Schüler „belustigend" fanden.

Ein NPEA-Zugführer, der mit seiner Einheit einige Zeit in den Niederlanden gewesen war, legte einen interessanten Bericht vor, der die Meinungsverschiedenheiten im Lager der holländischen NS-Sympathisanten beleuchtet. Während die Zusammenarbeit zwischen Deutschen und den weiblichen Angehörigen des niederländischen Arbeitsdienstes als gut bewertet wurde, klappte sie mit den Männern erheblich schlechter, weil diese von deutschfeindlichen Offizieren geführt wurden, deren Ablösung noch damals auf Schwierigkeiten stieß.

Die holländische Jugendbewegung von Musserts NSB machte wegen ihrer „moralischen Laxheit" einen sehr schlechten Eindruck. In der NSB-Spitze herrschte Uneinigkeit: Ein Teil der führenden Männer befürwortete ein Großgermanisches Reich, andere traten in erster Linie für die Selbständigkeit der Niederlande ein. Die holländische SS erklärte den NPEA-Schülern, bei Mussert sei

143

die niederländische Jugend in völlig falschen Händen, deshalb müsse er am besten „ganz verschwinden". Auf der anderen Seite sei die holländische SS einwandfrei ideologisch und bewußt auf den Großgermanischen Gedanken ausgerichtet. Die deutsche Wehrmacht schien jedoch in gutem Ruf zu stehen, und ihre Platzkonzerte waren stets gut besucht.

Als die alliierten Luftangriffe auf Deutschland zunahmen, wurden Kinder aus Großstädten evakuiert und im Rahmen der „Kinderlandverschickung" in KLV-Lagern untergebracht, in denen sie weniger gefährdet waren und regelmäßig unterrichtet werden konnten. KLV-Lager in der Nähe einer NPEA wurden sofort von den dortigen DJ- und HJ-Führern überwacht, was die Einführung einer militärischen Disziplin bedeutete, die weit strenger als alles war, was der durchschnittliche Hitlerjunge bis dahin kennengelernt hatte. KLV-Lager, die diesen zweifelhaften Vorzug genossen, wurden dadurch – zumindest in politischer Hinsicht – zu Ablegern der NPEA.

In den letzten Kriegsjahren wurde die vormilitärische Ausbildung der Hitlerjugend merklich forciert, wobei die Waffen, an denen ausgebildet wurde, den körperlichen Fähigkeiten der Jungen entsprechend ausgewählt wurden. In Bensberg wurde beispielsweise der Versuch gemacht, Elfjährige mit dem kurzen italienischen Karabiner Modell 91 schießen zu lassen. Dabei zeigte sich nicht nur, daß der Rückstoß für Kinder zu stark war, sondern die zur Verfügung gestellten Karabiner erwiesen sich auch als lebensgefährlich defekt. Aber Elfjährige konnten eine 2-cm-Flak bemannen oder mit einer

144

Panzerfaust schießen. Schüler der Oberstufe dieser NPEA wurden als Flakbedienungen im Raum Köln eingesetzt, während ihre jüngeren Mitschüler in die Eifel evakuiert wurden.

Offizielle Anordnungen oder Verfügungen, daß durch den Vormarsch der Alliierten gefährdete NPEA aufzulösen seien, gab es nie. Der Entschluß dazu blieb oft dem Schulleiter überlassen, der ihn jedoch häufig nicht ohne Einwilligung eines höheren Partei- oder SS-Führers fassen wollte. Aber als die Alliiertten weiter vorstießen, lief die zukünftige Elite, sofern sie nicht bereits in Wehrmacht oder Waffen-SS diente, ebenso rasch wieder auseinander, wie sie sich einst versammelt hatte.

Sonderformationen

Während die Reichsjugendführung nur sehr beschränkten Einfluß auf die Jugendlichen in den Nationalpolitischen Erziehungsanstalten hatte, verstand sie es, sich neue Tätigkeitsgebiete zu erschließen. Diese Ausdehnung war jedoch ein Gebot der Notwendigkeit. Die Zahl der kritischen Berichte von HJ-Führern über das niedrige Niveau des HJ-Dienstes vieler Einheiten nahm zu, und die Klagen über Ausbildungsmängel und Disziplinlosigkeit verstärkten sich. Für die 14- bis 18jährigen hatte der HJ-Dienst nichts Aufregendes mehr; er war zu einem lästigen Zwang geworden. Um dem entgegenzuwirken und neue Begeisterung zu wecken, begann die HJ, sich auf die speziellen Interessen ihrer Mitglieder einzustellen.

Die beliebteste Sportart war natürlich das Segelfliegen, das nach dem Ersten Weltkrieg vor allem in Deutschland entwickelt worden war. Schon 1934 hatte der Deutsche Luftsportverband damit begonnen, Schuljungen aufzunehmen. Innerhalb der Hitlerjugend bildeten sich Modellflugarbeitsgemeinschaften, die – teilweise selbst konstruierte – Flugmodelle bauten. Zum Reichswettbewerb für Segelflugmodelle 1936 kamen 1500 Hitlerjungen auf die Wasserkuppe in der Rhön. Ein Jahr später wurde für die über 18jährigen das „Nationalsozialistische Fliegerkorps" gegründet, das Jugendliche in Segel- und Motorflug ausbildete. Wenig später wurde dieser Ausbildungsbetrieb auch auf die Hitlerjugend ausgedehnt, die zu diesem Zweck die Flieger-HJ aufstellte.

Ursprünglich waren die beiden letzten Jahre im Deutschen Jungvolk als Vorbereitungsdienst für die Flieger-HJ vorgesehen gewesen, aber ab 1941 war es üblich, daß Luftfahrtbegeisterte als Zehnjährige zwei bis drei Monate Dienst beim Jungvolk taten und dann in die Flieger-HJ überwechselten. Von der gewöhnlichen Hitlerjugend unterschieden sie sich durch eine luftwaffenblaue Mützenpaspel, gleichfarbene Bestickung und Einfassung der Schulterklappen und die rot-weiß-rote Armbinde mit dem Hakenkreuz.

Als die Hitlerjugend 1943 zum Dienst als Luftwaffenhelfer aufgerufen wurde, war damit nicht auch das Jungvolk gemeint. In manchen Teilen Deutschlands – zum Beispiel in München und Oberbayern – wurde der Befehl jedoch als für die gesamte Flieger-HJ gültig aufgefaßt. Die älteren Jungen bemannten die Flakgeschütze; ihre jüngeren Kameraden waren Nachrichtenhelfer, bedienten Flakscheinwerfer und wurden als Kuriere eingesetzt. Erst als Anfang Oktober 1943 eine englische Bombe einen Flakscheinwerfer traf und die aus elf- bis vierzehnjährigen bestehende Bedienung tötete, wurde die ursprüngliche Anweisung dahingehend modifiziert, daß die jüngeren Jahrgänge nicht als Luftwaffenhelfer eingesetzt werden durften.

Die Mitgliedschaft in der Flieger-HJ, der 1938 schon 78 000 Jungen angehörten, sollte in erster Linie dazu dienen, fliegerische Grundkenntnisse zu erwerben. Die Jungen bauten zuerst Flugmodelle, arbeiteten an Schulgleitern mit und halfen als „Gummihunde", ältere Kameraden mit Schulflugzeugen in die Luft zu katapultieren. Zwischen dem 14. und dem 18. Lebensjahr versuchten die Angehörigen der Flieger-HJ, die A-, B- und C-Prüfung für Segelflieger abzulegen. Ein weiterer interessanter Aspekt war der enge Kontakt zur Luftwaffe, auf deren Fliegerhorsten die Jungen der Flieger-HJ häufige und gerngesehene Gäste waren, die oft in Bombern und zweisitzigen Kampfflugzeugen mitfliegen durften.

Eine weitere Sonderformation der Hitlerjugend war die Motor-HJ, die 1933 mit 3000 Mitgliedern begann, aus denen 1938 bereits 90 000 geworden sein sollten. Die SA hatte eine eigene Kraftfahrerorganisation, das Nationalsozialistische Kraftfahrerkorps (NSKK) unter Führung von Major Konrad Hühnlein.

1934 einigten Hühnlein und Schirach sich auf eine Zusammenarbeit und gründeten gemeinsam die Reichsmotorschule. Alle „für den Motorsport geeigneten Jungen" konnten sich ab dem 16. Lebensjahr in den „Motorsportscharen der HJ" auf das „Motor-HJ-Prüfungsabzeichen" vorbereiten – und wurden mit 18 ins NSKK übernommen.

Die Angaben über Mitgliederzahlen der Motor-HJ schwanken: Für 1938 wurden beispielsweise 90 000 und 102 000 genannt. Trotz dieser hohen Mitgliederzahl besaß die Motor-HJ nur 300 eigene Fahrzeuge; 2500 Maschinen gehörten den Mitgliedern. 1937 gab sie 10 000 Führerscheine aus – im nächsten Jahr waren es bereits 28 000. Geprüft wuren dabei Motorenkunde, Verkehrskunde, Gesetzeskunde und Fahrkunde.

Der Endzweck dieser Schulung ging aus einer internen Denkschrift der Reichsjugenführung hervor: „Es versteht sich von selbst, daß die Mitglieder der Motor-HJ später in den motorisierten Einheiten der Wehrmacht dienen werden."

Das hatte zur Folge, daß die an die Jungen gestellten Anforderungen hoch waren. Neben dem normalen HJ-Dienst hatten die ältesten Jungen der Motor-HJ pro Jahr 80 Fahrschulstunden und 105 Werkstattstunden abzuleisten.

Sehr beliebt – vor allem in Norddeutschland – war die Marine-HJ, der 1939 bereits 62 000 Jungen angehörten. 1935 wurde die erste „Reichsseesportschule" in der Mark Brandenburg eröffnet; später folgte eine zweite am Bodensee. Wie andere Sonderformationen stellte die Marine-HJ erhöhte Ansprüche an ihre Mitglieder, die zudem mehr Zeit für ihren Dienst als in der allgemeinen HJ aufbringen mußten. In der Marine-HJ konnten sämtliche Segelscheine erworben werden, und vor dem Krieg war das größte Erlebnis eine Ausbildungsfahrt in der Ostsee an Bord eines der beiden Segelschulschiffe der Kriegsmarine, *Gorch Fock* und *Horst Wessel*. Andere Ausbildungsfahrten fanden auf Flüssen statt – wie bei der „Großwasserfahrt 1940", als Einheiten der Marine-HJ mit ihren Kuttern von Passau aus die Donau hinunterfuhren und über Wien nach Budapest gelangten. Diese Fahrt endete mit einer Parade der Marine-HJ in der ungarischen Hauptstadt.

Es gab auch kleinere Sonderformationen wie die

Nachrichten-HJ, die 1943 in Flieger-HJ und den Luftwaffenhelfern aufging. Aus den Feldscheren der Hitlerjugend wurden Sanitäter, und die Reiter-HJ sollte vor allem die Landjugend ansprechen. Nach Kriegsausbruch entstand eine weitere Sonderformation für Luftschutzhelfer, deren Ausbildung jedoch ab 1942 für alle Jungvolk- und Hitlerjungen verbindlich wurde.

Ein „Sonderdienst", den geeignete Jungen und Mädchen aus HJ und BDM leisten mußten, war der HJ-Landdienst. In einer Vereinbarung zwischen Reichsjugendführung und Reichsnährstand, der Bauernorganisation, vom 8. Januar 1940 hieß es: „Der Landdienst ist eine politische Aufgabe des Nationalsozialismus. Er hat die Aufgabe, Jungen und Mädel aus der Stadt wieder dem Lande zuzuführen, den Nachwuchs für die verschiedenen landwirtschaftlichen Berufe sicherzustellen und den besten aus ihnen den Weg zur Siedlung zu ermöglichen . . . Die HJ ist alleinige Trägerin des Landdienstes. Sie hat die politische und weltanschauliche Erziehung. Aufgabe des Reichsnährstandes ist es, im Bauerntum Verständnis und Aufgeschlossenheit im vollsten Maße zu erreichen, die wirtschaftliche und soziale Betreuung und die berufliche Förderung zu übernehmen."

Die ersten 45 Landdienstgruppen wurden 1934 aufgestellt, und 1939 standen 11 752 Jungen und 14 264 Mädchen im Landdienst. Wegen des Arbeitskräftemangels wurde der Landdienst 1943 auf 38 522 Jugendliche verstärkt, und ab diesem Zeitpunkt war kein Unterschied mehr zwischen einer „Landdienstgruppe" und einer HJ-Einheit, die durch ihren Ernteeinsatz in der „Erzeugerschlacht" mitkämpfte, zu erkennen.

151

Widerstand

Der HJ-Streifendienst existierte seit 21. Juli 1934. Seine Hauptaufgabe, die er nötigenfalls in Zusammenarbeit mit Polizei und Gestapo durchführte, war die Überwachung der Disziplin der Hitlerjugend, aber seine Existenz fand eine zusätzliche Rechtfertigung im Auftreten von Widerstandsgruppen inner- und außerhalb der Hitlerjugend und den alarmierenden Anstieg der Jugendkriminalität nach Kriegsbeginn.

Widerstand hatte sich erstmals geregt, als die deutschen Jugendbünde im Frühsommer 1933 aufgelöst worden waren. Ehemalige bündische Führer waren politisch stets suspekt, selbst wenn sie in die Hitlerjugend eintraten. Friedrich Hielscher, einer der prominenteren Widerstandskämpfer, stellte seine Jugendgruppe unter den Schutz der SS. Er erklärte seinen Jungen: „Wir müssen im Bilde sein, was in der Horde gespielt wird. Wir müssen einen Mann drinhaben, der uns deckt. Sonst brauchen wir mit der unterirdischen Arbeit gar nicht erst anzufangen." Andere, darunter als Prominetester Otto Strasser, traten in Robert Leys Organisation „Kraft durch Freude" (KdF) ein. In der Anfangsphase des Hitlerregimes war es noch möglich, sich irgendeiner der neuen Organisationen anzuschließen, aber als Hitler seine Herrschaft festigte, stellte sich unausweichlich die

Frage, bis zu welchem Grad sich der Nationalsozialismus von innen heraus bekämpfen ließ – und wie weit die taktische Zusammenarbeit an der Oberfläche gehen konnte, ohne daß man seine eigenen Prinzipien verraten mußte und selbst an Naziverbrechen mitschuldig wurde.

Auf Schirachs Drängen wurde zu einem Kesseltreiben gegen die Führer der deutschen Jugendbünde geblasen. Manche von ihnen wurden wieder freigelassen, blieben aber unter Gestapo-Aufsicht. Andere wurden bei den Säuberungen im Juni 1934 liquidiert. Adalbert Probst, der Reichsführer der „Deutschen Jugendkraft" (DJK), einer katholischen Jugndorganisation, wurde verhaftet und „auf der Flucht erschossen". Das gleiche Schicksal erlitt der Jugendführer Karl Lämmermann aus Plauen. Gleichzeitig machte Schirach sich daran, die HJ-Führung von ehemals prominenten Mitgliedern der deutschen Jugendbünde zu säubern. Manchen gelang es, zu fliehen und auszuwandern, wodurch sie ihre deutsche Staatsbürgerschaft verloren. Andere saßen jahrelang in Konzentrationslagern, in denen viele von ihnen umkamen.

Die meisten Emigranten gingen in die Deutschland benachbarten Staaten, um die Entwicklung daheim verfolgen und vielleicht sogar beeinflussen zu können. Am aktivsten waren die in die Tschechoslowakei Geflüchteten, die in Eger und Prag ihre Zeitschriften herausgaben und Flugblätter druckten, die dann nach Deutschland geschmuggelt wurden. Schweden und Österreich erwiesen sich als Asylländer enttäuschend, denn die dortigen Behörden untersagten den Emigranten jegliche politische Betätigung.

Obwohl ihre Führer ausgeschaltet waren, machten

einzelne Gruppen in und außerhalb der Hitlerjugend Schirach bis Kriegsausbruch Sorgen. Er fand auch nicht immer die erhoffte Unterstützung bei der deutschen Justiz, wenn ein ehemaliger bündischer Jugendführer wegen Verstoßes gegen den Paragraphen 4 der „Verordnung des Reichspräsidenten zum Schutze von Volk und Staat" verurteilt werden sollte.

Das Verbot und die Auflösung der bestehenden Jugendbünde ließen sich nur schwer durchsetzen, und um eine Handhabe gegen die Führer „illegaler" Jugendgruppen zu haben, wurden oft Sittlichkeitsvergehen, vor allem Homosexualität, behauptet. Die bündische Jugendbewegung wurde buchstäblich vernichtet. Sie konnte sich nur auf sehr begrenzter lokaler Ebene im Untergrund behaupten und wurde selbst dort von Spitzeln aus dem HJ-Streifendienst unterwandert. Hessen, Hannover, Dessau, Hamburg und Berlin waren – relativ gesehen – die Zentren illegaler Jugendarbeit. In Süddeutschland scheint es weniger illegale Gruppen gegeben zu haben – zumindest sagen die Polizeiberichte nicht viel über sie aus –, aber mehrere Mitglieder der Widerstandsgruppe Weiße Rose hatten früher illegalen Jugendgruppen angehört.

Bei den ehemaligen Jugendorganisationen der Linksparteien und der Gewerkschaften trat ein bemerkenswerter Wandel ein. Die ideologischen Schranken wurden niedergerissen, und zu einer Jugendorganisation wie dem von Rudolf Küstermeier gegründeten „Roten Stoßtrupp" gehörten Sozialdemokraten, Kommunisten, Rechte, Katholiken und Protestanten. Der Rote Stoßtrupp wurde von Berlin aus geführt und hatte in den meisten deutschen Städten Untergruppen, die jedoch bis Ende 1934 alle von der Gestapo ausgehoben wurden. Andere machten weiter, blieben aber – auch wenn sie nicht gefaßt wurden – politisch unbedeutend.

Konfessionelle Jugendbünde hätten sich theoretisch länger halten können müssen als politische Jungendorganisationen. In der Praxis war die evangelische Jugendbewegung von innen und außen unterminiert worden, während der Fortbestand der katholischen Jugendbünde zumindest vorerst durch das Reichskonkordat gesichert schien. Selbst nachdem der HJ-Dienst durch Gesetz zur Pflicht für alle Jugendlichen geworden war, konnten sie gleichzeitig noch einem der katholischen Jugendbünde angehören, obwohl Schirach das Gegenteil zu behaupten versuchte.

Aber es gab noch andere Mittel, den katholischen Jugendlichen das Leben schwerzumachen. Katholische Jugendschriften wurden beschlagnahmt. Katholischen Beamten drohte die Entlassung aus dem Staatsdienst, wenn ihre Kinder nicht aus der katholischen Jugend austraten. Das öffentliche Auftreten geschlossener Gruppen uniformierter katholischer Jugendlicher war verboten – und darunter fielen auch Sommerlager. Trotzdem machten Ostern 1935 fast 2000 katholische Jugendliche eine Pilgerfahrt nach Rom, wo sie von Papst Pius XI. empfangen wurden.

Erst als die Hitlerjugend 1937 zur „Staatsjugend" geworden war, wurden die Maßnahmen gegen katholische Jugendbünde schärfer und gipfelten in Prozessen gegen ihre Führer. Erst im März 1939 wurden konfessionelle Jugendverbände offiziell verboten: Die katholische

Jugendarbeit wurde ausschließlich auf die „Pfarrjugend" der jeweiligen Gemeinden beschränkt. Aber auch das bedeutete noch nicht das Ende der Schikanen. Überfälle durch HJ-Gruppen waren häufig, so daß Versammlungen an geheimgehaltenen Orten stattfinden mußten. In München kamen katholische Jugendliche beispielsweise abends im Keller der Städtischen Elektrizitätswerke oder mitten auf dem Waldfriedhof zusammen.

Der Kriegsausbruch stellte viele Jugendliche vor eine Gewissensfrage. Es gibt keine genaue Untersuchung darüber, wie sie beanwortet wurde, aber für die meisten dürfte festgestanden haben, daß sie die Pflicht hatten, ihrem Vaterland zu dienen, solange es sich im Krieg befand. Um ein Beispiel anzuführen, das dem Verfasser bekannt ist: Ende Oktober 1939 kamen Mitglieder katholischer Jugendgruppen im Münchner Franziskanerinnenkloster St. Anna zusammen und lösten ihre Gruppen durch Beschluß bis Kriegsende auf.

Ganz anderer Widerstand, mit dem sich die Hitlerjugend etwa ab 1936 in immer stärkerem Maße auseinandersetzen mußte, kam von ihr gegenüber feindselig eingestellten Jugendbanden. Ihre Mitglieder waren nicht unbedingt ehemalige Angehörige bündischer Jugendorganisationen. Sie hatten im Grunde genommen nur eines gemeinsam: die Ablehnung des obligatorischen HJ-Dienstes. Die meisten von ihnen waren bereits zwangsweise Hitlerjungen, aber sie schlossen sich zusammen, um Heimatabende zu sprengen und HJ-Führer zu überfallen. Ihre Schwerpunkte lagen in Großstädten – vor allem im Ruhrgebiet –, und in ihren Reihen befanden sich auch kriminelle Elemente.

Bestraft wurden Jugendliche in erster Linie von der Hitlerjugend selbst, die durch die „Polizeiverordnung zum Schutze der Jugend" vom 9. März 1940 bestimmte Disziplinarbefugnisse übertragen bekommen hatte. Der Hitlerjugend standen folgende Strafmittel zur Verfügung: Verwarnung, Verweis, Beförderungssperre, Degradierung und Jugendarrest (der an Wochenenden bei Wasser und Brot abgesessen wurde). 1942 stellte ein HJ-Bericht zusammen, welche Vergehen im allgemeinen mit Arrest, der nicht als Vorstrafe galt, geahndet wurden: bis 65 Prozent Eigentumsvergehen, bis 10 Prozent Sittlichkeitsdelikte und bis 18 Prozent Berufsschulversäumnisse. Die Jugendkriminalität war im allgemeinen in den verdunkelten Städten West- und Mitteldeutschlands am höchsten.

Cliquen- und Bandenbildungen innerhalb der Hitlerjugend kamen ebenfalls vor, obwohl nichts auf ideologische und idealistische Nazigegnerschaft hinweist. Wo nicht kriminelle Motive vorlagen, rebellierten die Jugendlichen wie überall auf der Welt gegen Konformismus und Gleichmacherei – und in Hitlers Deutschland gegen die zwangsweise verordnete Disziplin in der HJ.

Die Mitglieder einer jugendlichen Widerstandsgruppe, deren Arbeit tragisch endete, waren zum Teil bereits Soldaten gewesen. Der 1918 in Ulm geborene Hans Scholl studierte in München Medizin; seine Schwester studierte dort Biologie und Philosophie. Hans Scholl hatte den für zukünftige Ärzte vorgeschriebenen Fronteinsatz in Rußland hinter sich gebracht. Vor 1936 war er mit Begeisterung bei der Hitlerjugend gewesen und hatte es dort bis zum Fähnleinführer gebracht, aber spätere

158

Erlebnisse und die kirchenfeindliche Politik der Reichsjugendführung hatten ihm seine Illusionen geraubt und
zur katholischen Jugendbewegung zurückgeführt.

In München schloß sich den Geschwistern Scholl ein
weiterer Medizinstudent an, der wie sie aus der katholischen Jugendbewegung kam: Willi Graf. Ebenfalls zu der
Gruppe gehörten die Medizinstudenten Alexander
Schmorell und Christoph Probst. Regelmäßiger Treff-
punkt war die Wohnung von Professor Kurt Huber, der
ebenso zu diesem Kreis der „Weißen Rose" gehörte.

Ende 1942 hatte Paul Giesler, der Gauleiter für
München und Oberbayern, sich in einer Rede vor
Studenten über ihre seiner Ansicht nach minderen
Moralbegriffe geäußert. Seine Rede stieß bei den Studenten auf Ablehnung, und Giesler wurde mehrmals
durch Mißfallenskundgebungen unterbrochen. Die
Geschwister Scholl und ihre Freunde nützten die Unzu-
friedenheit der Studentenschaft aus, um gegen ein
Regime zu agitieren, das ihrer Überzeugung nach das
Recht verwirkt hatte, Deutschland weiterhin führen zu
dürfen. „Es gilt den Kampf jedes einzelnen von uns um
unsere Zukunft, unsere Freiheit und Ehre in einem
seiner sittlichen Verantwortung bewußten Staatswesen!"

Zwei Wochen nach der Kapitulation der 6. Armee in
Stalingrad konnten Münchner Bürger am Morgen des
16. Februar 1943 an Gebäuden in der Ludwigstraße
Parolen wie „Freiheit" und „Nieder mit Hitler!" lesen.
Zwangsverpflichtete Russinnen versuchten, gleichlau-
tende Parolen von den Mauern der Universität zu
schrubben. Schon in den Monaten zuvor hatten viele
Münchner in ihren Briefkästen hektografierte Flugblät-

159

ter gefunden, die zum Sturz des Naziregimes aufforderten und das deutsche Volk dazu aufriefen, sich aus eigener Kraft von einem Regime zu befreien, das so schreckliche Verbrechen verübt habe, daß selbst jene, die von ihnen gehört hatten, sich weigerten, sie zu glauben, bis sie selbst mit ihnen konfrontiert worden waren.

Zwei Tage nach der „Parolenaktion", am 18. Februar, verteilten Hans und Sophie Scholl erneut Flugblätter in der Universität. Sie verteilten ihr Material vor Vorlesungsbeginn in den Hörsälen, und als zum Schluß Flugblätter übrigblieben, leerten sie ihren Koffer vom obersten Stock in die Eingangshalle aus. Das sah der Hausmeister, der sofort die Polizei alarmierte. Die Ausgänge wurden gesperrt; die Polizei nahm die Geschwister Scholl fest und brachte sie ins Wittelsbacher Palais, das Hauptquartier der Gestapo. Ihre Wohnung wurde durchsucht, wobei sich die Namen der übrigen Mitglieder der „Weißen Rose" fanden.

Roland Freisler, der berüchtigte Präsident des Volksgerichtshofes, kam aus Berlin nach München, und die Verhandlung gegen Hans und Sophie Scholl und ihren Mitangeklagten Christoph Probst fand am 22. September 1943 statt. Die drei Studenten wurden zum Tode durch Enthaupten verurteilt. Am Nachmittag des gleichen Tages durften die Verurteilten zum letztenmal mit ihren Angehörigen sprechen. Sophie Scholl starb als erste – „frei, furchtlos und mit einem Lächeln auf den Lippen". Bevor Hans Scholl den Kopf auf den Richtblock legte, rief er, daß es durchs Gefängnis hallte: „Es lebe die Freiheit!" Christoph Probst folgte den beiden.

Vorbereitet mit Mythen und Legenden: Siebzehnjährige Soldaten der Division „Hitlerjugend" wurden gegen russische Panzer vorgeschickt – mit Panzerminen, die nichts taugten. Die Jungen preßten die Sprengladungen so lange gegen die Panzerwand, bis sie samt den Panzern zerrissen wurden.

Kinder in Uniform: Ein GI bewacht gefangene Hitlerjungen.

Demoralisiert: Für die elf- bis fünfzehnjährigen Jungen brach die Welt falscher Ideale zusammen. Das Ende des verbrecherischen Einsatzes war die Gefangenschaft oder der Tod.

Alexander Schmorell, Willi Graf und Professor Huber wurden einige Wochen in München-Stadelheim, wo Röhm und viele seiner Vertrauten den Tod gefunden hatten, durchs Fallbeil hingerichtet. Ihr Opfergang war vergeblich; die Hoffnung, daß er in ganz Deutschland „Wellen schlagen" werde, erfüllte sich nicht. Eine schuldbeladene Generation hielt später ihr Andenken wach, als sei dadurch eine Art Wiedergutmachung zu leisten, aber die „Weiße Rose" hatte den Lauf der Ereignisse nicht beeinflussen können.

Das gelang auch keinem der anderen jungen Deutschen, die den Versuch dazu unternahmen. Ihre Warnungen und Mahnungen verpufften in einem Vakuum – und trotzdem waren sie junge Menschen, die das alte Lied „Wilde Gesellen, vom Sturmwind durchweht" umgeschrieben hatten, so daß es nun lautete:

„Wir sind Verbrecher in eurem Staat,
Und wir sind stolz auf unser Verbrechen.
Wir sind die Jugend des Hochverrats,
An uns wird die Knechtschaft zerbrechen."

Von 1940 bis 1945 wurden allein im Zuchthaus Brandenburg 1807 Häftlinge aus politischen Gründen hingerichtet. 75 von ihnen waren noch keine 20 Jahre alt, 22 waren Schüler oder Studenten, einer war erst 16. Von allen zwischen 1933 und 1945 in Hamburg aus politischen Gründen Verurteilten waren elf Prozent Jugendliche. Der Wille zum Widerstand war bei einigen, bei zu wenigen da, aber er war immerhin da und wurde mit dem Leben bezahlt.

Krieg

Der Kriegsausbruch fand die Hitlerjugend vorbereitet: Die Beschwörung des Mythos von Langemarck hatte das ihre getan und würde noch weitere sechs Jahre lang fortwirken. Ein leitender Mann in der Reichsjugendführung schrieb damals: „Nach einem wunderbaren Wort Baldur von Schirachs ist in Deutschland nichts lebendiger als unsere Toten. Aus dem Erlebnis des Weltkriegs wurde die Idee des Nationalsozialismus geboren, und aus dem Millionenheer der unbekannten Frontsoldaten erhielt sie ihren Führer Adolf Hitler.

Der Mythos vom Weltkriegsopfer der deutschen Jugend hat dazu beigetragen, auch in der Jugend der Nachkriegszeit einen neuen Glauben an die eigene Kraft und das Bekenntnis zu den nationalsozialistischen Idealen zu entfachen. Da alle Erziehung nach der Sinngebung durch den Reichsjugendführer auf dem Vorbild beruht, so war es erklärlich, daß der Einsatz der deutschen Jugend im Weltkrieg ebenso wie das Opfer von Herbert Norkus und der anderen, die in ihrer Jugend für ein neues Deutschland ihr Leben gaben, zu den tiefsten und entscheidendsten Voraussetzungen einer revolutionären erzieherischen Idee und ihrer Jugendbewegung wurde."

Der Reichsjugendführer Baldur von Schirach genoß jedoch eine Vorzugsbehandlung: Nachdem er Ende

1939 eingezogen worden war, brachte er es in weniger als einem halben Jahr vom einfachen Rekruten zum Leutnant. Seine militärische Laufbahn endete am 2. August 1940, als er zum Gauleiter und Reichsstatthalter in Wien ernannt wurde. Sein Nachfolger als Reichsjugendführer wurde Arthur Axmann, der vor kurzem den rechten Arm verloren hatte. Er erwies sich als zuverlässiger und tüchtiger Organisator, der von seinen Untergebenen geachtet wurde.

Der Staat machte sich sofort daran, den bereitwilligen Enthusiasmus der Jugend für seine Zwecke zu nutzen. Während des Krieges kam es immer wieder vor, daß Jungvolkjungen das Datum auf ihrer Geburtsurkunde um ein, zwei Jahre fälschten, um aufgenommen zu werden, weil Vater oder Bruder eingezogen worden waren und sie ebenfalls „ihren Teil tun wollten". In den meisten Fällen durften sie bleiben.

Im Polenfeldzug wurden in den deutschen Ostprovinzen Schulen geräumt, damit in ihnen Stäbe untergebracht werden konnten, und Hitlerjungen leisteten Kurierdienste. In den oberen Rängen der HJ-Führung herrschte sofort spürbarer Personalmangel. Am 1. Oktober 1939 dienten von 424 HJ-Führern in der Reichsjugendführung 273 in der Wehrmacht. Von 1100 Bann- und Jungbannführern standen 467 im Felde, und von den 10 572 deutschen Gefallenen im Polenfeldzug waren 314 höhere HJ-Führer gewesen.

Jungvolk, Hitlerjugend, Jungmädel und BDM wurden jetzt mit Sonderaugaben betraut. Sie stellten einmal im Monat die Lebensmittelkarten zu und sammelten Altmetall, Knochen, Jutesäcke, Wollsachen, Skier und vieles andere. Oder sie „organisierten" einfach – ein Ausdruck, der bald ein Synonym für „stehlen" wurde.

Mädchengruppen wurden in Lazarette geschickt, wo sie bei der Krankenpflege halfen und für die Verwundeten spielten und sangen. Sie halfen auch in staatlichen Kindergärten und versorgten Truppentransporte mit Essen und Getränken. Hitlerjungen versahen den regelmäßigen Kurierdienst zwischen Parteidienststellen, der später auf alle inländischen Garnisonen ausgedehnt wurde. Auch der Ernteeinsatz der Hitlerjugend wurde verstärkt. Allein 1940 halfen BDM-Mädchen in 318 782 Haushalten, während 64 106 beim Roten Kreuz, 60 263 in Lazaretten und 107 185 auf Bahnhöfen arbeiteten. Für sie kam der „totale Krieg" erheblich früher als für den Rest der deutschen Zivilbevölkerung.

Ab Oktober 1939 wurde die vormilitärische Ausbildung der Hitlerjugend verstärkt; sie fand an den Wochenenden statt und wurde von einem ehemaligen HJ-Führer geleitet, der sich schon das Ritterkreuz verdient hatte. Ab 1940 wurde es üblich, daß Frontoffiziere, die wegen schwerer Verwundungen nicht kriegsverwendungsfähig waren, zu Jungvolk und Hitlerjugend abkommandiert wurden. Alles das führte zwangsläufig zur Einschränkung der „politischen Schulung".

Mit der Ausdehnung des deutschen Herrschaftsbereichs vor allem im Osten wurden spezielle HJ-Einheiten nach Polen und in andere osteuropäische Länder entsandt, um bei den „Volksdeutschen" eine HJ-Organisation aufzubauen, was nicht ganz leicht war, weil viele dieser „Deutschen" gar kein Deutsch sprachen. Und als das Großdeutsche Reich nach 1941 tatsächlich für einige Zeit existierte, warb die Hitlerjugend in Zusammenarbeit mit der SS „Ostfreiwillige der germanischen Jugend" – Deutsche, Holländer, Flamen, Dänen und Norweger, die nach intensiver Ausbildung als Aufseher in landwirtschaftlichen Großbetrieben in Rußland und der Ukraine eingesetzt wurden.

Das Bestreben, die faschistischen Jugendorganisationen der von den Deutschen besetzten oder beherrschten Staaten zu vereinigen, erreichte seinen Höhepunkt am 14. September 1942, als Axmann und Schirach gemeinsam ein europäisches Jugendtreffen nach Wien einberiefen, wo der „Europäische Jugendverband" gegründet wurde. Den „Großen Führerrat des Europäischen Jugendverbandes" bildeten die Führer der italienischen faschistischen G.I.L., der spanischen Falange-Jugend, der flämischen Nationalsozialistischen Jugend, der wallonischen Rex-Jugend, der bulgarischen Brannik-Jugend, der dänischen und niederländischen Nationalsozialistischen Jugend, der Dachorganisation der finnischen Jugendverbände, der kroatischen Ustascha-Jugend, der norwegischen Nasjonal-Samling-Jugend, der rumänischen Staatsjugend, der slowakischen Hlinka-Jugend und der ungarischen Levante-Jugend.

Wie in den Vorkriegsjahren wurde auch in den Kriegsjahren eine Jahresparole für die Hitlerjugend ausgegeben – nur für 1945 nicht mehr. Nachdem 1939 das „Jahr der Gesundheit" gewesen war, hießen 1940 „Jahr der Bewährung", 1941 „Unser Leben ein Weg zum Führer", 1942 „Osteinsatz und Landdienst", 1943 „Kriegseinsatz der deutschen Jugend" und 1944 „Jahr der Kriegsfreiwilligen".

Die Jungen, die Anfang der dreißiger Jahre in die Hitlerjugend eingetreten waren, waren 1941 kampferprobte Soldaten, und ihre später eingetretenen jungen Kameraden waren entschlossen, so zu sein, wie Hitler sich die deutsche Jugend wünschte: „Schnell wie Windhunde, zäh wie Leder und hart wie Kruppstahl."

Die vormilitärische Ausbildung der Hitlerjugend wurde durch sogenannte „Wehrertüchtigungslager" forciert, in denen Hitlerjungen eine infanteristische Grundausbildung erhielten. Der deutsche Militärarzt und Dichter Gottfried Benn stellte 1944 fest, die Wehrmacht werde nur noch von zwei Dienstgraden getragen – den morbiden, Hitler hörigen Feldmarschällen und den jungen Leutnanten: „Die Leutnants, hervorgegangen aus der HJ, also mit einer Erziehung hinter sich, deren Wesen systematische Ausmerzung von gedanklichem und moralischem Lebensinhalt aus Buch und Handlung war und deren Ersatz durch Gotenfürsten, Stechdolche – und für die Marschübungen Heuschober zum Übernachten. Ferngehalten von noch gebildeten, im alten Sinne gschulten Eltern, Erziehern, Geistlichen, humanistischen Kreisen, kurz Bildungsträgern irgendwelcher Art, und zwar dies schon im Frieden: Bewußt, zielgerecht und gut durchdacht, übernahmen sie so wohl ausgerüstet die Erdteilzerstörung als arischen Auftrag."

Die Grundausbildung wurde immer kürzer. Ab Januar 1943 wurden die meisten Flakgeschütze mit Hitlerjungen bemannt, die auch Suchscheinwerfer bedienten und als Nachrichtenhelfer arbeiteten. Jungvolkjungen wurden als Meldegänger eingesetzt. Nach Luftangriffen hatten ältere Parteigenossen und Hitlerjungen die Aufgabe, die Ausgebombten irgendwo unterzubringen. Viele Hitlerjungen kamen in Verruf, weil sie es verstanden, große Wohnungen aufzuspüren, die nur von einer Person bewohnt wurden, bei der Ausgebombte polizeilich eingewiesen werden konnten.

Als die Luftangriffe stärker wurden, verbrachten Jungen und Mädchen, die eigentlich noch Kinder waren, Tage und Nächte damit, Mahlzeiten an Ausgebombte auszugeben und ihr gerettetes Eigentum, das meistens unter freiem Himmel aufgestapelt war, vor Plünderern zu bewachen.

Manchmal kam der Kriegseinsatz auch völlig unerwartet – wie für Angehörige der Flieger-HJ (im Alter zwischen zehn und fünfzehn Jahren), die im Juli 1944 in Pommern in einem Segelfliegerlager waren. Sie erhielten plötzlich einen Marschbefehl nach Allenstein in Ostpreußen und wurden dort nach Bischofsburg weitergeleitet. In der Nähe dieser Stadt war die einheimische Bevölkerung dabei, Panzergräben auszuheben. Die älteren Hitlerjungen wurden ebenfalls für diese Arbeit eingeteilt; ihre jüngeren Kameraden erhielten weniger anstrengende Aufträge. Ein Mitglied dieser Gruppe erinnerte sich später:

„Während die Sonne ihre letzten Strahlen über die Felder sandte, stellten wir unsere Zelte auf und kochten Makkaroni. Wir waren zu müde, um zu singen, und gingen bald schlafen.

Ich wachte mitten in der Nacht auf, weil mich ein entferntes Donnern aus dem Schlaf geschreckt hatte. Ich stieß meinen neben mir schlafenden Freund an.

‚Was ist los?' fragte er verschlafen.

168

‚Hörst du das Donnern?'

‚Welches Donnern?'

‚Hör doch!' Es klang wie eine endlose Kolonne schwerer Lastwagen, die über eine mit Stahlplatten belegte Brücke rumpelten. Wir krochen aus unseren Zelten. Die Nacht war kühl, und der Tau glänzte matt im Mondschein. Unser Wachtposten saß in Decken gehüllt am Lagerfeuer. Er war hellwach.

‚Seht ihr's?' fragte er.

Im Osten bildete der Horizont eine lange rote Linie, in der es an einzelnen Stellen aufblitzte. Hier und da ließ die Röte sekundenlang nach und erlosch manchmal ganz. Minuten später flammten die Blitze, aus denen diese rote Linie in Wirklichkeit bestand, wieder auf.

‚Hoffentlich kommt die Front nie bis hierher', sagte mein Freund. ‚Mein Vater ist in Rußland, und er hat gesagt, wenn die Russen kämen, sollten wir uns umbringen, denn was wir von denen zu erwarten hätten, wäre noch schlimmer.'

‚Oh, so weit kommen sie nie, wir hauen sie schon zum Teufel!' meinte ich. ‚Trotzdem wäre ich froh, wenn wir bald heimkönnten.'

‚Das hoffe ich auch', sagte unser Wachtposten, ein Junge aus dem zweiten Zug. ‚Von meiner Mutter krieg' ich bestimmt richtig Prügel. Die glaubt mir nie, daß sie uns zum Grabenbau hierher geschickt haben.'"

Als Folge des zunehmenden Einflusses, den die SS im Laufe des Krieges über die Hitlerjugend gewann, konzentrierten sich die Rekrutierungskampagnen der Waffen SS auf die HJ. Unter dem Eindruck des „totalen Krieges" entstand 1943 der Plan, eine eigene HJ-

169

Division innerhalb der Waffen-SS aufzustellen: die 12. SS-Panzerdivision „Hitlerjugend". Goebbels sprach sich gegen den Namen „Hitlerjugend" aus, weil er der feindlichen Propaganda Munition liefern könne. Aber Hitler setzte sich über seine Einwände hinweg, und der Befehl zur Aufstellung dieser Division wurde am 24. Juni 1943 erteilt.

Die Mannschaften sollten vor allem aus den Wehrertüchtigungslagern der Hitlerjugend kommen, während erfahrene Offiziere und Unteroffiziere von der 1. SS-Panzerdivision „Leibstandarte Adolf Hitler" gestellt werden sollten. Das erwies sich als nicht völlig befriedigende Lösung. Die LAH hatte bei der Räumung und Wiedereinnahme von Charkow im Februar und März 1943 schwere Verluste erlitten und war zur Auffrischung und Umgliederung aus der Front herausgezogen worden, weil sie bei dem geplanten Unternehmen „Zitadelle" im Kursk-Bogen eine wichtige Aufgabe übernehmen sollte.

Der 12. SS-Panzerdivision fehlten vor allem erfahrene Kompanie-, Zug- und Gruppenführer. Aus dieser Notlage heraus wurden Zugführer zu Kompaniechefs befördert. Außerdem wurden Offiziere, die früher HJ-Führer gewesen waren, zur Division „Hitlerjugend" versetzt, um die noch bestehenden Lücken zu füllen. Um genügend Unterführer zu erhalten, wurden Hitlerjungen, die in Wehrertüchtigungslagern „besondere Eignung zu militärischer Führung" bewiesen hatten, nach ihrer Grundausbildung auf die SS-Unterführerschule Lauenburg geschickt und in drei Monaten zu Unteroffizieren ausgebildet. Sie hatten so wenig Kampferfahrung wie ihre Kameraden, die sie führen sollten.

170

SS-Brigadeführer (Generalmajor) Fritz Witt, ein kampferprobter Offizier, der das Ritterkreuz mit Eichenlaub trug, wurde der erste Kommandeur der Division.

Im Juli und August 1943 trafen die ersten Rekruten im Lager Beverloo in Belgien ein: insgesamt etwa 10 000 Hitlerjungen, von denen viele noch keine 17 Jahre alt waren. Sie waren auch nicht alle Freiwillige. Viele von ihnen hatten sich freiwillig zu anderen Wehrmachtsteilen wie der Luftwaffe gemeldet und waren nach der Einberufung zu ihrer Überraschung bei der Waffen-SS gelandet. Andere waren dazu überredet worden, sich freiwillig zu melden, aber geschickter Führung gelang es rasch, die anfänglichen Vorurteile zu überwinden und den Jungen die kämpferische Begeisterung einzuflößen, die sich ein Jahr später bei ihrer Feuerprobe in der Normandie bewähren sollte.

Der Auftakt war wenig verheißungsvoll, denn im Lager Beverloo gab es anfangs nicht einmal genügend Uniformen für alle. Trotzdem wurde sofort mit der Grundausbildung begonnen. Ende September 1943 waren die Anlaufschwierigkeiten überwunden, so daß die Division in ihren Hauptteilen „stand". Einen Monat später wurde sie zur Panzerdivision umgegliedert, obwohl sie zunächst kaum Panzer hatte. Das bei Reims aufgestellte Panzerregiment verfügte nur über vier Panzer IV und vier Panzer V „Panther". Selbst diese wenigen Fahrzeuge waren „inoffiziell" von der Ostfront zurückgebracht worden. Das Artillerieregiment hatte nur wenige leichte Haubitzen und fast keine Mannschaftsfahrzeuge, Lastwagen und Zugmaschinen. Um diesem Mangel fürs erste abzuhelfen, erhielt die Division beschlagnahmte Fahrzeuge der italienischen Armee, die damals nur mehr zu einem kleinen Teil auf deutscher Seite kämpfte. Ende 1943 und Anfang 1944 trafen dann mehr Panzer ein. Als Generaloberst Guderian eine der ersten Gefechtsübungen der Division „Hitlerjugend" beobachtete, war er von der Begeisterung der jungen Soldaten und ihrer in so kurzer Zeit erreichten Kampfkraft beeindruckt.

Im Gegensatz zu anderen Waffen-SS- oder Wehrmachtseinheiten kannte die Division „Hitlerjugend" keinen Kasernenhofdrill und keinen Stechschritt. Da die Rekruten sehr jung waren, befürchtete man zu Recht, daß eine Ausbildung dieser Art ihre Kampfmoral untergraben würde. Größter Wert wurde auf ein kameradschaftliches Verhältnis zwischen Offizieren und Mannschaften gelegt, und die Kompaniechefs wurden in einem Divisionsbefehl aufgefordert, sich mit den Eltern ihrer Rekruten in Verbindung zu setzen. Der Schwerpunkt der Ausbildung lag bei Gefechtsübungen unter wirklichkeitsnahen Bedingungen, die durch viel Sport ergänzt wurden. Auf Guderians Empfehlung wurde die Schießausbildung gleich ins Gelände verlegt, und die Jungen lernten aus den Erfahrungen des Ostfeldzugs, wie wichtig gute Tarnung für Mann und Gerät war.

Wegen ihrer Jugend bekamen die Rekruten Sonderverpflegung, und die noch nicht 18jährigen erhielten Süßigkeiten statt Zigaretten – eine Bestimmung, die den Betroffenen sehr mißfiel.

Am 6. Juli 1944 zog die Division in die Schlacht, aber sie erlitt bereits auf dem Hundertkilometermarsch in den

Bereitstellungsraum bei Caen schwere Verluste durch alliierte Jagdbomber. Trotzdem schossen die Jungen beim ersten Angriff 28 kanadische Panzer bei nur sechs eigenen Verlusten ab. Sie kämpften weiter in der Normandie, und Chester Wilmot berichtete darüber: „Die Soldaten der 12. SS, die diesen Abschnitt hielten, kämpften mit einer Zähigkeit und Verbissenheit, die während des ganzen Feldzugs selten erreicht und nie übertroffen wurden." Sie sprangen die alliierten Panzer „wie Wölfe" an, wie es ein englischer Panzerkommandant ausdrückte, „bis wir sie gegen unseren Willen erschießen mußten".

Am 16. Juni 1944 fiel der Divisionskommandeur Witt; sein Nachfolger wurde Kurt Meyer – als „Panzermeyer" bekannt –, mit 33 Jahren der jüngste Divisionskommandeur der Wehrmacht. Der Arbeitersohn Meyer, der Bergmann, Polizeibeamter und Angehöriger der SS-Verfügungstruppe gewesen war, verkörperte den „politischen Soldaten", aber er war ein hervorragender Menschenführer und guter Taktiker. Da er häufig als „verstockter, fanatischer Nazi" geschildert worden ist, sollte nicht unerwähnt bleiben, daß es vor allem seinem Einfluß Ende der fünfziger und Anfang der sechziger Jahre bis zu seinem Tod zuzuschreiben war, daß die Organisation ehemaliger Angehöriger der Waffen-SS die Verbindungen zu neonazistischen Gruppen abbrach und eine gemäßigte politische Linie verfolgte.

Die Normandie war nicht nur der erste Kampfplatz der Division „Hitlerjugend", sondern wurde auch ihr Grab. Als sie am 4. September 1944 bei Yvoir die Meuse überschritt, bestand die Division nur mehr aus 600 Mann

173

ohne Panzer und ohne Artilleriemunition. „Es ist ein Jammer, daß diese gläubige Jugend in aussichtsloser Lage geopfert wird", bemerkte Feldmarschall von Rundstedt dazu.

Nach den Kämpfen in der Normandie existierte die Division „Hitlerjugend" dem Namen nach weiter, aber ihre Rekruten wurden wie bei den meisten anderen deutschen Divisionen aus den letzten Menschenreserven zusammengekratzt. In der Heimat war seit der Aufstellung des „Volkssturms" im Oktober 1944 jeder Deutsche zwischen 16 und 60 Jahren militärdienstpflichtig, aber in der Praxis waren zahlreiche Volkssturmmänner viel jünger oder älter. Schließlich konnten schon Elfjährige eine rückstoßfreie Panzerfaust abschießen. Selbst Mädchen, die keine Pistole 08 und kein MG 42 laden konnten, „bemannten" Flakgeschütze wie in der 6. Batterie der Flakersatzabteilung 61 in Wien-Kagran. Bei einem Tagesangriff auf Wien schoß eines ihrer 8,8-cm-Geschütze einen Liberator-Bomber ab; wenig später erhielt es einen Volltreffer, der drei Mädchen tötete und zwei schwer verletzte.

Bis zum letzten Augenblick wurde die deutsche Jugend aufgerufen, bei der Verteidigung des Reichs gegen die „bolschewistischen Horden" und die „anglo-amerikanischen Gangster" mitzuhelfen. Viele von ihnen folgten diesem Ruf und fanden dabei den Tod. Hitlerjungen halfen mit, Hitlers Bunker zu verteidigen, und einen der letzten Orden, den Hitler verlieh, erhielt der 12jährige Alfred Czech: das Eiserne Kreuz 2. Klasse. Die Rekruten der Division „Hitlerjugend" hatten eine gründliche Ausbildung mitbekommen; die später Eingezogenen wurden in die Hölle des Krieges geworfen, ohne mehr als den Mythos von Langemarck und die Legenden von den „Helden der nationalsozialistischen Bewegung" mitzubekommen.

Eine Gruppe solcher verängstigter Jungen hielt eine aus Straßenbahnwagen errichtete Straßensperre auf einer der Münchner Isarbrücken besetzt. Der jüngste Hitlerjunge war ungefähr zehn Jahre alt, der älteste noch nicht ganz 14. Obwohl sie mit Panzerfäusten ausgerüstet waren, hatten sie zuviel Angst, um sie gegen eine scheinbar endlose Kolonne amerikanischer Sherman-Panzer abzuschießen, die die Maximilianstraße entlangrasselten. Es war Montag, der 30. April. Etwa zur gleichen Zeit, als ihr Führer Selbstmord verübte, kamen diese Hitlerjungen in Kriegsgefangenschaft. Am nächsten Tag wurden sie an einen Ort gebracht, von dem sie bisher nur in ungläubigem Flüsterton gesprochen hatten: ins befreite KZ Dachau.

„Links und rechts von uns mischten sich Soldaten unter KZ-Häftlinge in ihren blau-weiß längsgestreiften Anzügen, die an so dünnen Gestalten hingen, daß man kaum glauben konnte, daß diese Menschen noch reden und sogar gehen konnten. Ihre Köpfe waren kahlgeschoren oder mit einer Mütze aus dem gleichen Stoff wie die Uniformen bedeckt. Am Tor standen zwei Sherman-Panzer, deren Besatzungen auf dem Turm und der Wanne saßen und die Männer in ihrer Nähe mit Kaugummi und Schokolade fütterten . . . Nachdem wir das Lager betreten hatten, fürchtete ich im ersten Augenblick, die ehemaligen Häftlinge würden uns in Stücke reißen. Erstaunlicherweise reihten sie sich nur

175

überall auf, wohin wir auch gingen, ohne uns jemals zu beschimpfen oder die Fäuste gegen uns zu erheben.

Zuerst wurden wir zu einem Abstellgleis geführt, das vom SS-Hauptlager abzweigte. Wir mußten vor einer Anzahl Güterwagen haltmachen. Ein amerikanischer Soldat suchte ein paar von uns heraus (offenbar die Jungen, die am stärksten aussahen) und befahl uns in perfektem Deutsch, einen dieser Güterwagen zu öffnen. Mit Brechstangen und viel Kraft schoben wir die Tür zurück.

Als erstes fiel das Skelett einer Frau heraus. Danach fiel nichts mehr heraus, denn die Leichen waren so eng zusammengepfercht – wie Sardinen –, daß sie sich gegenseitig stützten.... Als nächstes wurden wir zu einem roten Ziegelbau geführt, um den ein beißender Gestank hing. Wir betraten die Halle und dachten im ersten Augenblick, wir seien in einem Kesselraum mit mehreren großen Heizkesseln. Dieser Gedanke verflog augenblicklich, als wir vor jedem Ofen Metallbahren mit Eisenklammern sahen. Einige dieser Bahren befanden sich noch halb in den Verbrennungsöfen und waren mit den Überresten verbrannter Leichen bedeckt.

Die folgende Nacht war eine schlaflose. Was wir gesehen hatten, war zu überwältigend, als daß es verdaut werden konnte. Ich mußte einfach heulen."

Für diesen Hitlerjungen war schon mit elf Jahren eine Welt zusammengebrochen. Er war nur einer von Millionen. Etwa fünf Wochen nachdem dieses grausige Bild Kindern gezeigt worden war, stellte der „Dichter" des HJ-Fahnenliedes und ehemalige Reichsjugendführer sich den Amerikanern, um dann für 20 Jahre hinter den

176

Mauern des Militärgefängnisses Spandau zu verschwinden.

Einige der ehemaligen HJ-Mitglieder werden noch hie und da an die Zeit zurückdenken, in der die Krise, nackte Angst und der Glaube ans Vaterland sie verbanden. Man denkt wehmütig an den in der Vergangenheit herrschenden Kameradschaftsgeist zurück und ist versucht, geringschätzig auf jene herabzusehen, die von dieser engen Gemeinschaft, diesem Kameradschaftsgeist, für den in unserer industriellen Wettbewerbsgesellschaft nur wenig oder gar kein Platz ist, ausgeschlossen geblieben sind. Aber solche nostalgischen Anwandlungen verschwinden so rasch, wie sie gekommen sind, denn mit ihnen steigen Erinnerungen an die Opfer auf, an die Unschuldigen und an den entsetzlichen Mißbrauch, der mit dem Idealismus und dem Opfermut junger Menschen getrieben worden ist.

Sie waren einer besseren Sache wert, als ihr Führer ihnen zu bieten hatte.

Register

Namenregister

Allen, W. S.; Historiker 63
Axmann, Arthur; HJ-Führer 52, 164, 166

Bauer, Adolf; Jugendführer 29
Beethoven, Ludwig van 13
Benn, Gottfried; Dichter u. Militärarzt 167
Bertram; Kardinalbischof von Breslau 77
Bismarck, Otto Fürst von 89 f.
Blomberg, Werner von; Reichskriegsminister 75
Buch, Walter; Major a. D. 37

Chamberlain, Houston Stewart 21
Churchill, Winston 63
Claudius, Hermann 17
Claudius, Matthias 17
Czech, Alfred 174

Drexler, Adolf 23, 31

Flex, Walter; Dichter 17
Freisler, Roland; Volksgerichtshofspräsident 160
Frick, Wilhelm; Innenminister 96
Friedrich der Große 61, 80
Friedrich Wilhelm I. 61, 122

Galen, Graf Clemens August von; Bischof von Münster 95 f.
Gattermeyer, Walter; Jugendführer 29
Giesler, Paul; Gauleiter von München/Oberbayern 95, 159
Goebbels, Joseph 43, 50 f., 81, 170
Graf, Willi; Widerstandskämpfer 159, 161
Groener, Wilhelm; Innen- und Reichswehrminister 58
Gruber, Heinz; HJ-Führer 67
Gruber, Kurt; Jugendführer 31 f., 34 f., 37 ff., 41 ff. 45 ff.
Guderian, Heinz; Generaloberst 172

Hannibal 115
Haupt, Joachim; NPEA-Gründer 124, 127 f.
Heines, Edmund; Jugendführer 32
Heißmeyer, August; SS-Obergruppenführer 111, 124, 128, 137 f.
Heuss, Theodor 65
Hielscher, Friedrich; Widerstandskämpfer 153
Hindenburg, Paul von; Reichspräsident 70

181

Hitler, Adolf 7, 9, 11, 20 f.,
    23 f., 27, 29 f., 31 ff., 34,
    39 ff., 45, 47 f., 50, 53, 56,
    59, 61, 63 ff., 66, 69 ff.,
    72 ff., 75 f., 80 f., 83 f.,
    88 ff., 92, 94 f., 98 ff., 104,
    106, 109, 111 f., 114 ff.,
    122, 124, 127, 135 f., 138,
    140, 153, 158, 163, 167,
    170, 174
Huber, Kurt; Widerstands-
    kämpfer 159, 161
Hühnlein, Konrad;
    Major 149

Klintsch, Johann Ulrich; Frei-
    korpsoffizier 28
Küstermeier, Rudolf 155

Lämmermann, Karl; Jugend-
    führer 154
Lenk, Gustav Adolf; Jugend-
    führer 23, 28 ff., 31 f., 38,
    47
Ley, Robert; Führer der
    Deutschen Arbeits-
    front 74, 80, 153
Ludendorff, Erich 58
Ludwig XIV. 122

Maas, Hermann 66
Matzke, Franz 21
Meyer, Kurt (Panzer-
    meyer) 173
Müller, Albert; Bann-
    führer 113

Müller, Ludwig; Reichsbi-
    schof 75 f.
Mussolini, Benito 56
Mutschmann, Martin; Gau-
    leiter, Textilfabrikant 31

Nabersberg, Karl; HJ-Füh-
    rer 66 f.
Napoleon I. 30, 89
Naumann, Friedrich; Libe-
    raler 16
Niemöller, Martin; Pastor 76
Norkus, Herbert 50 f., 80,
    93, 163

Papen, Franz von 58 f., 73
Pfeffer von Salomon; Franz
    Felix; Oberster SA-Füh-
    rer 34 f., 37, 42, 45 f.
Pius XI. 156
Pötsch; Geschichtslehrer Hit-
    lers 112
Probst, Adalbert; DJK-
    Reichsführer 154
Probst, Christoph; Wider-
    standskämpfer 159 f.

Rathenau, Walter 16
Reichenau, von; Oberst 75
Riefenstahl, Leni 81
Röhm, Ernst 30, 33, 45 ff.,
    128, 161
Rommel, Erwin 110 f.
Roßbach, Gerhard; Frei-
    korpsführer 30, 33
Rosenberg, Alfred 31, 41 f.,
    55, 78, 95 f., 122

Rundstedt, Gerd von; Feldmarschall 174
Rust, Bernhard; Minister für Wissenschaft, Erziehung und Volksbildung 103, 105 ff., 110, 123, 128, 137 f.

Salomon, Ernst von 17
Schill, Ferdinand von 30
Schiller, Friedrich von 13
Schirach, Baldur von 9, 39 ff., 42, 45, 47, 49 f., 59 ff., 66 f., 70 f., 74 f., 79 ff., 82, 84, 97, 99, 110, 118, 128, 149, 154 ff., 163, 166
Schmorell, Alexander; Widerstandskämpfer 159, 161
Scholl, Hans; Widerstandskämpfer 158, 160
Scholl, Sophie; Widerstandskämpferin 160
Schulze-Boysen, Harro 67
Schwarz; NSDAP-Reichsschatzmeister 135
Stange, Erich; evangelischer Jugendführer 72

Stennes, Walter 33
Strasser, Gregor 30
Strasser, Otto 67, 153
Streicher, Julius; Gauleiter von Franken 31, 34, 55, 77, 112
Stülpnagel, Edwin von; General 69

Tempel, Wilhelm; Studentenführer 40
Trotha, von; Admiral 68 f.
Tschammer und Osten, Hans von; Reichssportführer 74

Wagner, Adolf; Gauleiter von Oberbayern 78, 95
Wagner, Richard; Komponist 13
Weese, Eugen; Jugendführer 29
Wessel, Horst 93
Wilmot, Chester 173
Witt, Fritz; SS-Brigadeführer 171, 173

Zmarzlik, H.-G.; Geschichtswissenschaftler 97

Ortsregister

Allenstein 168

Bensberg 131, 132, 144
Berlin 32, 41, 43, 50 f., 52,
  66 f., 85, 94, 104, 109, 132,
  155, 160
Berlin-Wedding 53
Beverloo 171
Bischofsburg 168
Braunschweig 58
Breslau 77, 94
Budapest 150

Caen 173
Charkow 170

Dachau 9, 175
Danzig 76
Dessau 155
Dresden 28, 94
Düsseldorf 94

Eger 29, 154
Essen 94

Garmisch-Partenkir-
  chen 109
Gent 123

Hamburg 47, 94, 155, 161
Hanau 28
Hannover 155
Harrow 140
Heijthuijsen 123

Kassel 12
Kiel 53 f.
Köln 131, 145
Königsberg 94

Langemarck 14, 163, 175
Litzmannstadt 143

Maastricht 123
München 9, 23 f., 28 f., 32,
  40, 43, 46, 93, 148, 157 ff.,
  160, 175
Münster 95

Nürnberg 28 f., 41

Oranienstein 131, 140

Passau 150
Plauen 31 f., 37 f., 46, 48,
  154
Potsdam 48, 60 f., 79 f., 110
Prag 154

Quatrecht 123

Reims 171
Rom 73, 156
Rufach 136

Salzburg 29
Stalingrad 159

Ulm 158

Valkenberg 123
Versailles 16, 19, 55, 64, 73,
  109, 122

Weimar 34 f.
Wien 29, 49, 150, 164, 166, 174
Wien-Kagran 174

Yvoir 173

Zeitz 28

Sachregister

Adolf-Hitler-Schulen 9,
121 ff., 132, 134, 137
Aliierte 9

Belgien 123, 136, 171
Berlin-Brandenburg 41, 161
Bessarabien 136
Bischofskonferenz, Deutsche 77
Bischof von Trier 96
Bolivien 45
Brandenburg (Zuchthaus) 161
Brannik-Jugend (Bulgarien) 166
Bukowina 136
Bund Deutscher Arbeiter-Jugend 34, 36
Bund Deutscher Mädchen
(BDM) 38, 48, 52, 60, 92,
151, 164

Dardanellen 75
„Der junge Sturmtrupp"
(Zeitung) 45
„Der nationale Jungsturm"
(später „Nationalsozialistische Jugend"; NS-Jugendmagazin) 29
Deutsche Jugendkraft
(DJK) 154
Deutsche Studentenschaft 16
Deutscher Hochschulring 16

Deutscher Ritterorden
(Deutschritter) 84
Deutsches Jungvolk 49, 123,
139, 148
Deutschnationaler Jugendbund 23
Deutsch-Österreich 56
„Die junge Front" (Zeitschrift für HJ-Führer) 44
Donau 150

Eifel 145
Elsaß 136
England (Großbritannien) 125, 140 f.
Ermächtigungsgesetz 66, 69
Erzbischof von Paderborn 86
Eton-College 134

Falange-Jugend (Spanien) 166
Feldherrnhalle (München) 23
Freideutsche Jugend 12
Freie Proletarische Jugend 17
Freikorps 15, 19
Freikorps Roßbach 30, 32

G.I.L. (italienische Jugendorganisation) 166
Großdeutsche Jugendbewegung (Verband) 30, 32, 34
Großdeutsche Volksbewegung (Verband) 31
Großdeutscher Bund 69 f.

187

Hessen 79, 155
Hitlerjugend-(HJ-) Gruppie-
  rungen
– Flieger-HJ 148 f., 151, 168
– HJ-Landdienst 151
– HJ-Streifendienst 82 f.,
  153, 155
– Marine-HJ 150
– Motor-HJ 149 f.
– Nachrichten-HJ 151
– Reiter-HJ 151
„Hitler-Jugend-Zeitung" 44
„Hitlerjunge Quex"
  (Film) 50
Hlinka-Jugend (Slo-
  wakei) 166
Hofbräuhaus (München) 23
Hoher Meißner (Berg) 12,
  14

„Im Westen nichts Neues"
  (Film) 49, 53
„Informationsdienst" (NS-
  Nachrichtenblatt) 82
Italien 56

Jugendbund der National-So-
  zialistischen Arbeiter-Par-
  tei 24 ff.
Jungdemokraten 16
Jungkommunisten 67
Jungmädel 84, 92, 164
Jungmann 139
Jungmannschaften 38
Jungnationale 16
Jungprotestanten 16
Jungsozialisten 16, 67

Jungsturm Adolf Hitler 28
Jungvolk 38, 49, 52, 92 f.,
  148, 164
Junkerschulen 82

Kärnten 29
Kaiserreich 11, 18, 124
Kinderlandverschickung
  (KLV) 144
KLV-Lager 144
KPD 30, 54, 67
„Kraft durch Freude" (KdF);
  Organisation 153

Landsberg (Festung) 30
Levante-Jugend (Un-
  garn) 166

Marienburg 84
„Mein Kampf" (Buchti-
  tel) 64, 92, 112

Nasjonal-Samling-Jugend
  (Norwegen) 166
Nationalpolitische Erzie-
  hungsanstalten (NPEA,
  Napola) 111, 121 ff.,
  124 f., 127 ff., 130 ff.,
  134 ff., 137 f., 140 ff.,
  143 ff., 147
Nationalrevolutionäre 67
Nationalsozialismus 7 ff., 16,
  20, 23, 39, 65, 85, 88, 100,
  118, 151, 154, 163
Nationalsozialistische Arbeiterjugend (Österreich) 29,
  34

Nationalsozialistische Freiheitsbewegung (Verband) 30
Nationalsozialistischer Deutscher Studentenbund 39
Nationalsozialistischer Jugendbund 29
Nationalsozialistischer Schülerbund 47 f., 52, 60
Nationalsozialistischer Studentenbund 40, 47, 60, 118
Nationalsozialistisches Fliegerkorps 148
Nationalsozialistisches Kraftfahrerkorps (NSKK) 149
Niederlande 136, 143
Niederösterreich 29
Niedersachsen 41
Normandie 171, 173 f.
Norwegen 136
NSDAP 23 ff., 29 f., 31 f., 34 ff., 37, 39, 44 f., 47 ff., 53, 55 f., 58 ff., 61, 64, 67, 69, 76 ff., 79, 82 f., 85, 91, 95 ff., 104, 106, 108, 112 f., 116, 122 f., 127, 131, 135
Nürnberger Prozesse 99

Österreich 12, 29 f., 34, 41, 44, 49, 112, 154
Olympische Spiele (1936) 109
Ordensjunker 122

Pfadfinder 32
Pimpf 84

Pimpfenprobe 84
Polen 38
Preußen 32, 44, 61, 122, 129

Räterepublik (Bayern) 27
Reich, Drittes 7 f., 40, 100, 104, 112, 114, 132
Reichsappell 38
Reichsarbeitsdienst (RAD) 108
Reichsausschuß der Deutschen Jugendverbände 43, 66 f., 69 ff.
Reichsführerschule 79
Reichskonkordat 73, 77, 94, 114, 156
Reichsnährstand 151
Reichsparteitage 28, 41
Reichsschulen 135, 138
Reichsseesportschule
– Bodensee 150
– Mark Brandenburg 150
Reichstagsbrand 67 f., 104
Reichswehr 59, 69, 74
Rex-Jugend (Wallonien) 166
Röhm-Putsch 82, 128
Rote Kapelle (Spionageorganisation) 67
Rote Pfadfinder 67
Roter Stoßtrupp (Jugendorganisation) 155
Rotfront (Rote Front) 50, 53 f.
Ruhrgebiet (Besetzung durch Frankreich) 19
Rußland 90, 130, 158, 166, 169

SA 21, 23 f., 28, 35 ff., 40,
    45 ff., 50, 59, 70, 82, 128,
    149
Saint Paul's Scool
    (London) 140
Schilljugend (Öster-
    reich) 30, 32 f.
Schleswig-Holstein 54
Schweden 154
Schweiz 12
Segelschulschiffe
– „Gorch Fock" 150
– „Horst Wessel" 150
Sowjetunion 88
Sozialistische Arbeiterju-
    gend 68
Spartakisten 15
SPD 64, 68
SS (Waffen-SS) 21, 49, 74,
    82, 108, 128, 137 f., 142 f.,
    145, 153, 166, 169 ff.,
    172 f.
SS-Panzerdivision „Hitlerju-
    gend" (12.) 170, 173
SS-Panzerdivision „Leibstan-
    darte Adolf Hitler"
    (1.) 170
SS-Totenkopfverbände 82
SS-Unterführerschule Lau-
    enburg 170
Staatliche Erziehungsanstalt
    Plön 127
Sudetenland 12, 29, 49
Südtirol 136

Thüringen 32
Tirol 29
„Triumph des Willens"
    (Film) 81
Tschechoslowakei 38, 154

Ukraine 166
Unternehmen Zitadelle 170
Ustascha-Jugend (Kroa-
    tien) 166

Vaterländischer Jugendver-
    band Großdeutschland 30
Vatikan 56, 73, 77
Vogtland 30 f.
„Völkischer Beobachter"
    (NSDAP-Parteior-
    gan) 24, 29, 44
Volkssturm 174

Warthegau 142
Wasserkuppe (Röhn) 147
Wehrertüchtigungslager 167
Weiße Rose (Widerstands-
    gruppe) 155, 159 ff.
Weimarer Republik 8, 18 f.,
    21, 28, 44, 51, 57, 95, 103,
    105, 113, 122, 127
Weltkrieg, Erster 8, 11 f.,
    14 f., 75, 99, 110, 147
–, Zweiter 7, 15
Weltwirtschaftskrise 43, 50
Westfalen 95

190